復刻版 イエスの宗教とその真理

賀川豊彦 著

ミルトス

序

傷つけられたる魂にイエスの言葉は恩《めぐみ》の膏《あぶら》である。それは温泉の如く人を温め　噴水の如く力づけてくれる。解放の日に　イエスの愛は感激の源であり、犠牲の旗印である。神は強い。そしてイエスはその最も聖《きよ》く最も強い力の神を教えてくれる。

イエス自身が　神の符号である。つまり言葉である。イエスによって　神が人間に向かって発言権を持っているのである。イエスはローゴスである。道である。行動である。生命である。慰めである。

私にとっては　イエス程親しくなつかしい姿は無い。阿波の徳島の暗い生活に、初めて　イエスの山上の垂訓の意味が徹底して来た時に　私は躍り上がって彼を私の胸に迎え入れたのであった。

私が耶蘇《ヤソ》になることには余程の覚悟が必要であった。私は三十五銭の聖書を買うのに苦心した。それ程　私は貧乏であった。私は教会に行くことを許されなかった。親戚の凡ては私が　イエスの弟子になることに反對であった。

阿波の吉野川の流域には　旧幕時代から富裕な豪家が沢山あった。そしてその多くの豪家は大抵は血続きであった。私の父の家はその豪家の一つであった。そして　私も五つから十一の時まで　吉野川の流域の大きな藍《あい》の寝床《ねどこ》のある家で育った。しかし明治の中頃から　阿波の吉野川の流域の豪族の間にどういうわけか　淫蕩の気風が流行病のように蔓延して行った。私の村の付近で　大きな豪農の白壁を塗った庫が　私の見ている中に倒れたものは数限り無くあった。

凡てが　道徳的頽廃の気分で蔽《おお》われていた。あの美しい　吉野川の澄み切った青い水も、人の心を澄ますことは出来なかった。

私は早くから　悲しみの子であった。

私は　十一の時から禅寺に毎日通うて　孟子の素読をさせられた。しかし聖くなる望みは私の胸には湧いて来なかった。

私は　私の周圍の頽廃的気分を凝視した時に　聖き持ち主になるなどいうことが全く絶望であることを知っていた。それで全く暗い力に圧せられて寂しい生活を続けていた。

そして最初会った　イエスの弟子も　私に徹底するような　イエスの生活をみせてくれなかった。それで　私は十五の時まで　イエスの大きな愛を知ることが出来なかった。

しかし　ローガン先生の英語の聖書研究会に出るようになって、ルカ伝の山上の垂訓を暗誦して　私の心の眼は　もう一度世界を見直した。

私は何故　私の周囲が頽廃しているかがすぐわかった。それは「神」が無かったからであった。偶像の統治の闇があまりに暗いものであった。そして私はその闇を破る勇気がなかった。しかし私に米国宣教師の導きと愛が加わるとともに私の胸は躍った。今でも　ローガン先生と　マヤス先生は　私の親のように　私はまた彼等の子のように　いつ如何なる時でも　愛しいつくしんでくれるが私は　彼等を通じて　イエスを見た。そしてイエスの道がよくわかって来た。

阿波の山と河は　私に甦って来た。そして　私は甦りの子となった。

私の一生を通じて　最も涙ぐましいその徳島の空が　私に「愛」を教えてくれた。

それは　美しいものである。
愛することは　美しい。自然の下で相愛することは、更に善いことである。
若い時に　愛することは　最上のよろこびである。
私は　イエスの十字架によって　人間の凡ての奥義をみた。
私は　十五の幼い時から三十四の今日まで変わらざるイエスの愛に守られてその恵みを日一日　深く味うている。兇漢に擲《なぐ》られる時でも、酔漢に侮辱される時でも、辻の淫売婦に接する時でも　イエスは常に私を強くそしていつも聖く居らせてくれる。
貧乏が　貧乏でなくなり、淋しさが淋しさで無くなり、未決監に入っても血を吐く時でも　死にかかった時でも　イエスの愛は私を強めてくれる。
私はいつも　イエスがユダヤ人であることを忘れている。彼は今日生きている私の友人ではないか！　彼は最も人間らしい　人間、レオ・トルストイよりも私に近いものではないか！
私はイエスによって無數の友を　貧しき人の中に得た。無數の愛人を勞働者の中に得た。イエスによって妻も得た。イエスによって最もよき親友も得た。學問も、書物も、何もかも　イエスが　私に与えてくれた。
わたしは　殆どイエスのために　何にもした覺えが無い。しかし　イエスは　私に凡てを与えてくれた。
そして　イエスを味うているその味い方を隅々各方面の人が聞かせてくれと言われるので　話をした。東京でも　大阪でも　神戸でも　堺でも同じことを話した。そしてまだ多くの人が　それを聞きたがっている。
それで　私の善き友人達は　今度は　それを一冊の書物にしたいと言い出した。そしてその中でも兄弟のようにしている伏見教会牧師の吉田源治郎兄は私の談話を全部筆記してくれた。

それは　私には光栄である。吉田兄は既に私の書物を三冊まで筆記してくれた。吉田兄はこの年一年は殆ど私のために犠牲にしてくれた。それで私はどんなに吉田兄に感謝してよいか知れない。しかし　世に産れ出る必要のあるものなら産れ出ることは善いことである。
それで喜んで私は「イエスの宗教とその真理」を世に送り出すのである。
私は凡てを神にお託《まか》せする。この後の戦いの凡てをも神に。
颶風よ　起これ。海嘯よ　来い。私はその凡てを超越して　イエスの懐にしっかと抱きしめてもらうのだ。
私はイエスから離れることを欲しない。彼は私の棟梁だ！　彼は船長だ！
私は彼の指図のままに　船を進めよう。
暴風雨《しけ》よ　来い！　帆も、舵も破れよ。イエスは変わらず　愛してくれるから私に心配は無い。

親しき　日本の土に生れ出た人々も　すべてはイエスの愛の中に太陽を仰ぐ日が来る。

春は　黒土の中から甦る！　雪を越え、霜を踏んで　甦りの準備がせられる。傷められた霊が　凡てイエスを見る。凡てのものが萬物更改の日を見ることはあまり遠くは無い。

私は　私の生きている日に　それを見なくとも　勝利が凡て　イエスにあることを知っている。誠に　誠に——。

一九二二年十二月二十二日

著　者

神戸貧民窟にて

イエスの宗教とその真理／目次

第二章　イエスと人間の失敗

第三章　イエスの祈祷の心理

凡例

一、原本は歴史的仮名遣いで書かれているが、現代の読者に読みやすいように、現代仮名遣いに改めた。

一、漢字の表記は、旧漢字を新漢字に改め、あるいは適宜に一部ふり仮名を振ったり平仮名に直したりしたところがある。

一、聖書の引用について、原本は明治元訳が用いられていたが、それを大正改訳に改めた。現在も日本聖書協会の文語訳聖書に採用されているものである。

一、文中には現代では差別語・不快語とされる表現が所々見られるが、原文の歴史性を尊重してそのままにした。

一、馴染みない固有名詞や事柄について、＊をもって編注を付して、本文の巻末に一覧した。簡単な語句の説明は（　）内に付した。

第一章　イエスの宗教とその真理

サマリヤの女「主よ、我なんじを預言者とみとむ。我らの先祖たちはこの山にて拝したるに、汝らは拝すべき処《ところ》をエルサレムなりと言う」

イエス「女よ、我が言うことを信ぜよ、この山にもエルサレムにもあらで、汝ら父を拝する時きたるなり。……真《まこと》の礼拝者の、霊と真とをもて父を拝する時きたらん、今すでに来たれり。父はかくのごとく拝する者を求めたもう。神は霊なれば、拝する者も霊と真とをもて拝すべきなり」

――ヨハネ伝四章一九～二四――

第一章　イエスの宗教とその真理

序　節

いろいろ雑多な宗教が今日世に行なわれている。即ち、御利益《りやく》宗、社会風習の宗教、権力の宗教、色欲の宗教、社会組織の礼拝の宗教等が今日行なわれている。

私はこれを次のような図表につくってみた。日本在来の宗教は、大抵この分類のどれかへ入れることが出来る。

即ちそれは、七福神その他の幸の神信仰であり、縁日や盆の祭礼であり、聖天、稲荷の礼拝であり、その他いわゆる淫祠《いんし》邪教の民族宗教である。

しかしてこれらの宗教は人間の良心生活と全く交渉のない宗教である。ところが、イエスが私達に教えられた宗教は、かかるいろいろの良心を圧抑する障害物を跳ねのけて、

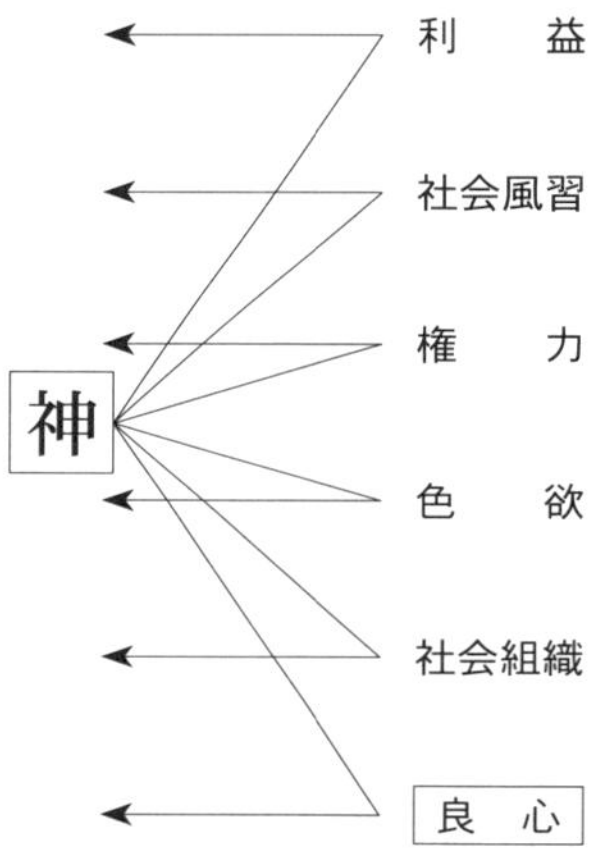

生命と愛の飛躍の中に直観する神の経験を中心とする一つの生活であった。だから、イエスの教えは、理屈では分からない。イエスの神は哲学者の考えるような思想の神――絶対無限だとかいうむつかしい神ではなくて、「生命」である。

太初《はじめ》に言《ことば》あり、言は神と共にあり、言は神なりき。この言は太初に神と共に在り、萬《よろず》の物これによりて成り、成りたる物に一つとしてこれによらで成りたるはなし。これに生命《いのち》あり、この生命は人の光なりき。（ヨハネ伝一章一～四）

イエスの教えた宗教は、即ち生命の宗教である。生きている人――生命をもっとも強く用いた人には分かるが、生命を否定する人や、生命が要らぬ人、あるいは虚無主義者には不可解な宗教である。換言すればイエスの神は、行動の神である。内に引きこもって聖書ばかりを繙《ひもと》いて、いくら祈祷と瞑想に身をやつしていても、門前に助けを呼ぶ人の困難を見捨てている時には不可解な神である。一人の悩める人を救い、虐《しいた》げられた人を引き起こすとき、自然に心の中に写ってくる神である。「愛なき者は神を知らず」イエスの神は、迷える民衆の間に飛び込んで行って、彼らを罪と失敗とから、救い出そうと努力するごとき、――愛の行動のうちにのみ直観される、行動の神である。それは私が、本章の結論に挙げた断定のごとく、理屈の神でなくして、心に生えて来る神である。

第一節　神の認識

それで、私達は、この両者を――思想の神と行動の神との――二つに、はっきりと区別することを要する。イエスは、良心さえ鋭くなれば、神は自然に心の中に生えて来ると考えられた。

幼児の心と神の示現

そこで私は、神の認識について、イエスの挙げられたいくつかの心の態度を研究しようと思う。

（1）幼児の心

父よ、われ感謝す、これらのことを智《かしこ》き者、慧《さと》き者に隠して、嬰児《みどりご》に顕《あらわ》したまえり。

（マタイ伝一一章二五、ルカ伝一〇章二一）

われ誠に汝らに告ぐ、およそ幼児のごとくに神の国をうくる者ならずば、これに入ること能《あた》わず。（ルカ伝一八章一七）

世の中には、随分、むつかしい宗教がある。例えば近頃流行している霊智学という宗教など到底赤坊には分からない。ところが、キリスト教だけは不思議に、ママちゃんの懐にある赤坊にも分かる。一歳半にもなれば、お祈りが出来る。また、禅学は、二歳や三歳の子供には到底向かない。ある人は、宗教を非常にむつかしく考えて得意になるのであるが、もし我々が皆スピノザ、ベルグソン、ナトルプ、リッケルト（＊）の書を読まなくては、神が分からぬのであれば、救われる見込みのある人は極めて少数の知識階級に限られるであろう。

ところがイエスは、神は、かえって、哲学者には不可解であるが、赤坊、幼児に分かると言われた。この神が嬰児の心に示現するということは、神は人間と共に、本然的に、心の中に生えているということである。いったい神が実在する以上、ベビーの時から死ぬまで、我々と共に居られぬはずがない。我々は、ともすれば、これをむつかしく考えるのである。進化論の最初称えられた頃には、もはや進化論でもって、神様の葬式をすませたと考えた。ラショナリズム（合理主義）の時代にはただもう理屈詰めで、すべてを押し通し、神様は不用だとしたものである。ところが、最近、宗教心理学が、再び研究し始められて以来、すべての民族にわたり、また個人の立場から言っても、宗教は人間の本然性に根ざしたものであることが明らかになった。

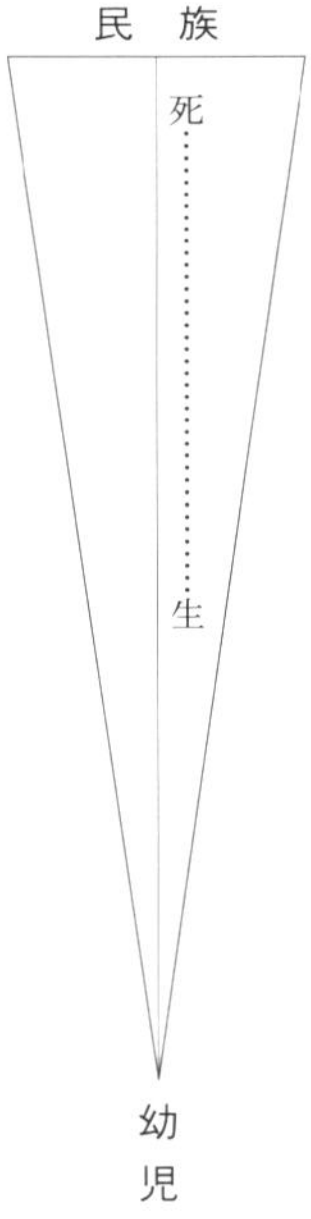

アーリア民族、セム族、ハム族、すべてを通じて宗教をもたぬ民族はないし、また、人間は、幼児から死ぬまで、宗教心をもつものである。即ち幅（民族）から見ても、深さ（時間的に個人の立場から）から見ても、宗教は人類に固有したものである。

カント、フィヒテ、シェリングは、道徳的に神を追求し、シュライエルマッヘル（＊）は、情緒的に神に行った人々である。ところが、科学文明の発達と共に、人間も、――その心理生活までが――機械化する恐れがあった。しかし人間は決して機械ではない。我々の本能のうちに、神は本然的に生えているのであった。

ダーウィンがかつて、ティエラ・デル・フエゴ（＊）で、猿と人間との合の子のような種族に出遭った。そして調査の結果その民族が宗教をもっていないというので、彼は、宗教以前の民族を発見したと言って、非常に喜んだのであった。ところがその後、宣教師が行って詳しく調査したら、その民族は、儀式の無い、ある種の心霊的カルトをもっていたとのことであった、それで、ダーウィンは、十ポンドの寄付金を伝道会社へ送ったという有名な話がある。かくのごとく、どの民族にもいかなる時代にも、かつて人類に宗教の無かった時期はない。

ある人は、「俺《おれ》は、カール・マルクスだけで結構だ。宗教などどうでもいい」と言うのであるが、他人はどうあろうと、私は、生まれ落ちてから、宗教的ならざるを得なかった。キリスト教を信ずる以前は、神道の空気のうちに育てられたのであったが、私は、神を拝まざるを得ない人間につくられたのである。それで、どうしても私は、唯物論で満足出来ないのである。私は、心の中に信じたい念が鬱勃《うつぼつ》として湧いてきて、どうしても神を探さざるを得ないのである。

諸機能の完全に発達した人には、苦痛感覚が特に発達している。ところが、少し低能だと苦痛感覚がよほど欠ける。同様に、宗教は一つの感覚である。これは、完全な人間が知覚し得る、一種の絶対的実在感でありまた欲望である。これは、痛覚や運動覚と同様に高等動物に特異な感覚なのである。だから、足らぬ人には、宗教感覚は鈍いのである。即ち

「愚かなる人は心の中に神なしと言えり」（詩篇一四篇一）と聖書にあるとおりである。
ウィリアム・ジェームズ（＊）が『宗教的経験の諸相』を書いて以来、殆どすべての世界の宗教心理学者は、「完全人には必ず宗教がある」ということを肯定するようになった。ところが器械の間に押しひしがれ、失恋のうちに失脚し、黄金に縛りつけられている人々は、この宗教感覚を、潰してしまって、これを失墜しているのである。そういう人々は、もう一度「回り右、前へ！」をしなければならぬ。酔っぱらいと色情狂の充満する時代に、いくらもう一度神の光を見ようとしても、それは無理である。先ず、神の方へ回転することを要するのである。

イエスは、神の経験を先験的直感的のものであると共に成長的であるという意味で、神の認識について、先ず、幼児の心を指されたのであった。

私は、十三年間、人間の屑ともいうべき人々――低脳、狂人、病人、不具者、神経麻痺の酔漢、半分昏睡状態にあるモルヒネ中毒者、淫売婦――の間に住んでいるが、彼らには容易に、イエスの神が分からぬのである。神は生き生きした、生まれ立ての赤坊の時から、愛と敬虔の空気のうちに育てられたのでなくては本当に分からない。神は、ウブな生命のうちにのみ示現する。だから、良心の腐敗した人々は、神懸かりで驚されるか、何かの魔術で驚かされる外に、どうしても、至純な宗教心は分からないのである。

だからイエスが、幼児を指さしたことは、すこぶる意味が深いのである。イスラエル人は、モーセに率いられて、四十年間彷徨したが、どうしても、モーセの神が分からない。それで、神は荒野を旅行した古い民族を皆吹き消して、赤坊の心——新鮮な心をもった次の時代の人々にのみ、新しい宗教を吹き込まれたのであった。

したがって、古い腐った血をもつ今日の日本人（一九二〇年代）には、イエスの示された神は不可解であるかも知れぬ。それで、この神を経験するには、もう一度、「回り右、前へ！」をすることが必要である。そして、赤坊の心を回復するならば、そのウブな心の中に曇りなき神の姿が再び示現するであろう。もし、あなた自身が、もう一度幼心を取り返すならば必ず神はあなたの心の中に帰って来るのである。

宇宙に動く再生力

前述のごとく、もしも我々の生命が真直に伸び上がって行っているならば、神は自ずから、我々の心に示現されてくるのであるが、それが歪んでくると、神は隠れてしまうのである。熊野沖で負傷した鯨は、右の方へ右の方へと回って行って、金華山沖まで行くが、また、きっと元の場所へ帰ってくる。ちょうどそれと同じように、我々が神に行く道を失っていると、ただ、わけもなくクルクルクルクルと回っているのみで一生を送る。我々の宗教生活が、本然の生命から離れると、我々の生涯は、無暗に忙しく、回転するのみで、結局何も獲ないで一生を棒に振ってしまうのである。

禅学では、何にも思うなということを教えてくれるが、今日の世界は実に忙しい、戦争、ストライキ、軍備縮小……それからそれへと問題が続出する。それで、ある人々は、ただ忙しくこれらの問題を送迎するのみで、クルクルクルクルと回っているのみである。そして、何も掴《つか》まないで、また、元の所へ輪廻《りんね》してくるのである。

イエスは、神を認識するのには、心が透明であることを要すると言われた。

（２）心の清き者

幸福《さいわい》なるかな、心の清き者。その人は神を見ん。（マタイ伝五章八）

これは「幼児の心」というのを他の言葉で言い表されたものである。神を見るには、心が澄み切っていなくてはならぬ。私は乱視であるため特別の眼鏡を懸けているが、それでも眼球に皺《しわ》がよっているので、暗くしか見えぬ。ちょうどこれと同じように、もし心の透明体に皺がよっているならば、神を見る焦点が散乱して何だかボーとした宗教感覚しか感知できないのである。ある人は「俺《おれ》はもとキリスト教に熱心だったが、しかし、キリスト教は俺を侮辱したよ」と言って、教会へ来ないのであるが、私はその人に申し上げる。「あなたの心はちょっと乱視に罹《かか》っていますね」と。殊に近頃は、唯物的革命が流行する。それで、「キリスト教会は資本主義の手先ではないか。皆破壊しろ。爆弾を投げろ」と、ある人は叫ぶ。すべてを破壊するのなら、何も残らない。自分をも破壊するのであろうから、もちろん宗教も不必要であろう。多くの人々は、今日、この種類の回転生活を送っている。

それでもう一度、本然の生活――神へ立ち帰らなくてはならぬのである。

したがって、イエスは、遊女税吏の心を、神を認識する心の態度として、指示されたのであった。

（3）遊女税吏の心

まことに汝らに告ぐ、取税人と遊女《あそびめ》とは汝らに先だちて神の国に入るなり。（マタイ伝二一章三一）

この迷った生活から、「悪かった」と言って、素直に、急角度で神の方に帰って来る心には、実に美しいものがある。そこには実に美しい、神を求める心が起こってくるのである。

キリスト教には、他の宗教と異る三つの要素がある。それは、（1）生命と（2）我（人格）と（3）救いとである。我を紛失して、クルクル舞の生活をしている者を、もう一度生命と神とに引き戻す力をもつのがイエスの宗教の特質である。それで、イエスの宗教を救いの宗教と呼ぶのである。

ある人は言う。「救い？　何だい救いとは？　俺は、自分で自分を救う、要らぬお世話だ」と。それで自分でやって行こうという人には、キリスト教の必要はないのである。自分には、ちょっと足らぬ点がある、ある部分に欠けた箇所がある、どうかその部分を補足してほしいと言う人でないと、いくら聖書を読んでも、説教を聴いても、キリスト教は不可解である。しかし、もし、あなたが自分の不足に気が付いて、鳩のように泣いて、その補足を求めるならば、あなたの心に、すぐ神が現れてくるのである。

理窟からはいった人の信仰は、ちょうど水道の水のようだ。学生時代はいいが、会社へでも勤務するようになる。そして「交際」を始めて、一二度宴会へでも誘われると、たちまちキリスト教を卒業してしまって、水の流れのようにサラサラと信仰を棄てて少しも顧みないのである。かかる信仰には少しも弾力がない。ところが、迷いの生活から急角度で、神に帰った人には、実に強いものがある。それでイエスは、売国奴――当時のユダヤはローマの一属領であって、徴税は請負仕事であった。それで取税人は非常に一般から侮蔑されていた――や、遊女のほうが、かえって神の国に早くはいると言われたのである。

イエス［彼ら（祭司長、民の長老）に］言いたもう、「まことに汝らに告ぐ、取税人と遊女とは汝らに先だちて神の国に入るなり。それヨハネ、義の道をもて来たりしに、汝らは彼を信ぜず、取税人と遊女とは信じたり。しかるに汝らはこれを見し後も、なほ悔改めずして信ぜざりき」（マタイ伝二一章三一〜三二）

イエスが、「正しき人、健《すこやか》なる人は医者を求めない。ただ病ある者のみ、救いを求める」と言われたのには、深い意味がある。

人間の細胞を初めて発見したのは、ウィルヒョウ（＊）という医学者が病理学の教室でもって、顕微鏡を覗いていた機《おり》であったかと思うが、キリスト教は、罪の方面から、人間を研究して、そこに大きな力を発見するのである。宇宙に一つの大きな力がある。即ち、罪ある人、病ある人を救済しようとする大きな力がある。手に負えない罪の社会をも、贖《あがな》おうという、生命即ち、再生力《リゼネレーチヴパワー》がそこに働いている。腐乱した宇宙をグルリとひっくり返して、もう一度上へ衝《つ》き上げようとする再生力が働いている。イエスは、自らのうちにこの力を鮮やかに体験させられたのであった。それでイエスの宗教は、ゼネレーチヴ（発生的）でなくして、リゼネーレチヴ（再生的）の宗教である。それは一本道の自然宗教でなくして、もう一度グルリと「回れ右、前へ！」をさせて、再生せしむる救いの宗教である。

イエスは、この救いの神の示現として、自らを指さされたのであった。

（4）父は何処にありや

ここに彼ら言う、「なんじの父は何処《いずこ》にあるか」。イエス答えたもう、「なんじらは我をも我が父をも知らず、我を知りしならば、我が父をも知りしならん」（ヨハネ伝八章一九）

（5）父を見せよ

ピリポ言う、「主よ、父を我らに示したまえ、さらば足れり」。イエス言いたもう、「ピリポ、我かく久しく汝らと共に居りしに、我を知らぬか。我を見し者は父を見しなり、いかなれば『我らに父を示せ』と言うか」（ヨハネ伝一四章八〜九）

（6）イエスの絶対認識

すべての物は我わが父より委《ゆだ》ねられたり。子の誰なるを知る者は、父の外になく、父の誰なるを知る者は、子また子の欲するままに顕すところの者の外になし。（ルカ伝一〇章二二）

即ちイエスは、救い主として――「何故我らに父を示せと言うや、我を見し者は父を見しなり」――世の中に対して堂々として、自身を指して、我が良心の生活を見る者は神を見る者であるとせられたのである。

かかる神は決して理窟では現すことが出来ない。それで、イエスは、譬喩《たとえ》をもって現された。

譬喩として見たる神

1　神は農夫なり…………………ヨハネ伝一五章
2　神は放蕩息子の父なり………ルカ伝一五章
3　神は主人なり…………………マタイ伝二五章
4　神は貸主なり…………………マタイ伝二一章
5　神は主なり……………………マタイ伝二二章

宗教はいつも譬喩でもって始まるものである。（もっとも譬喩と本当の経験とを混合するとそこに危険が起こるのであるが）。イエスは、マタイ伝だけでも五十余の譬喩をせられている。先験的な宗教経験は到底言い表すことができないために、それを分かりやすく説明するために譬喩という表現を採られたのである。

しからばイエスの経験を通じて見た神は如何なる性質をもつか。

第二節　神の性質

良心宗教の確立

前述せしごとく、イエスは神を霊、即ち生命だと見られた。我々は種々の理窟をつけて一切を否定することが出来よう。しかしながら生命だけは最後まで残る。デカルト（＊）は宇宙の一切を疑ったが、「我思う故に我存す Cogito《コギト》, ergo《エルゴ》 sum《スム》」と言って、どうしても疑う我自身の存在だけは否定出来なかった。ある人は神は霊だというと、何だかボーとしているように考えるのであるが、生命ほど確実なものはない。そして、生命は、神御自身の力であるからこれだけではどうしても否定出来ないのである。生命は二つの方向に――即ち、時間的には生命として飛躍し、空間的には物質として現れる。

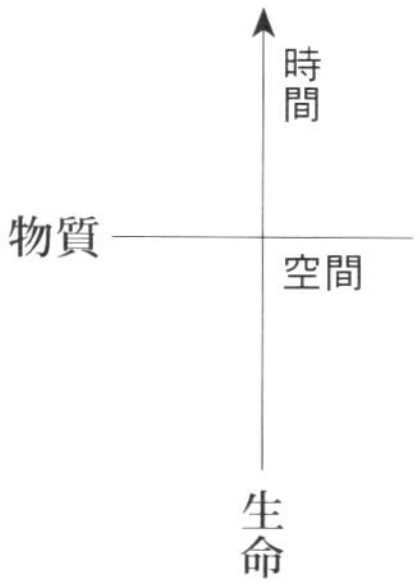

時間と空間を通じて、この生命があなたの中に動くのである。生命は、欲しいという欲求――理想を、内的にもつ。それで、時間の上に段々伸び上がるのである。神は時間の上

に理想を植えつけなさる。それで、我々は、生命の飛躍のうちに「生命の神」を経験するのである。だから生命宗教はいつでも霊的である。

よく人が「我らは我らの我らなり」と言うのであるが——例えば、スチルネルのごとく「俺《おれ》は俺の俺である」——けれども私達のうちに、「俺」でない部分がある。例えば、私の心臓は私に関係なく動いている。止めようとしたって止まらない。あるいは、幾百億の脳細胞も同様である。こういう超自我的の部分を私達は各自の中にもっているのである。宗教というものがいつでも精神的であるということは、人間にとって、生命の経験は、内的であり、直覚的あるからである。

今イエスの示現せられた神の性質を、福音書によって列挙すれば次の如くである。

1 神は霊なり……………ヨハネ伝四章二四
2 神は一なり……………ヨハネ伝一七章三、マルコ伝一二章三二、マタイ伝二三章九
3 神は父なり……………マタイ伝五章四五、四八
4 神は愛なり……………マタイ伝五章四五
5 神は大なり……………ヨハネ伝一四章二八
6 神は義なり……………ヨハネ伝一七章二五
7 神は聖なり……………ヨハネ伝一七章一一

8　神は全能なり………マタイ伝一九章二六
9　神は全智なり………マルコ伝一三章三二
10　神は善なり…………マタイ伝一九章一七
11　神は創造主なり……マルコ伝一三章一九
12　神は内在なり………マタイ伝一八章二〇
13　神は遍在なり………マタイ伝二五章四二、ヨハネ伝一五章
14　神は超越なり………マタイ伝一八章一九
15　神はイエスの父なり……マタイ伝一七章

イエスは神は一なりと言われた。

地にある者を父と呼ぶな、汝らの父は一人、すなわち天に在《いま》す者なり。（マタイ伝二三章九）

神が一つであるとどうして分かるか？　理窟から言えば種々むずかしく言えようが、しかし心理的に考えれば――良心は一つであるから神は一つである。もし良心が分裂するならばその時には偶像宗教が現れる。即ち、良心が利益に負け、社会風習に負け、権力に負けて、生命がバラバラになって現れる時には、神がバラバラに見えてくる。

ウィリアム・ジェームズは、「いくら淘汰しても多元的なものは、二つ以下には淘汰出来ぬ」と言っている。良心がしっかりした時代には神は一つであるが、良心が腐敗した場合には多元論が現れるものである。そして自分の心を信ぜない宗教はいつでも二元的である。しかし、イエスの心の中に経験された神は一つであった。最も良心の責任を重んずる人は、神が一であることを感受するのである。元来人間の心は一つであって、決して分裂するものではない。二重人格といっても、人格の分裂でなくて、一つの人格が、他の人格を模倣するのだとのことである。

今までキリスト教に熱心な人が、急に信仰が怪しくなる、その理由を調べると、ちょっと色に迷うたがために、心が濁って、神が分からなくなったのだなどという例は少なくない。

キリスト教のごとき唯一宗教を信じ得ない時代は、必ず混沌とした時代である。戦国時代がそうである。エジプト宗教史を調べると、最初は単一神教的であったものが、戦国時代になると、神が増加して多元的になっている。これは日本においても見ることが出来る。最も鋭い良心をもちしイエスは最純な神を示現しえたのである。我々の良心が鋭くなってくれば、そして、心の宗教に帰った時には、いつでも神は一つである。それで良心宗教は必ず一つの神を礼拝する。キリスト教は、生命と我との宗教である。それであるから、我を創った、我のうちに示現する神が一つであることに不思議はない。

神はアバ父なり

したがって神は父である。イエスは神を父なりと直覚した。イエスは、今日のあるキリスト教信者のように、神を呼ぶに「絶対無限の神よ」というような理窟めいた呼び方をしなかった。

天にいます汝らの父（マタイ伝五章四八）

彼は単に、お父様と呼ばれた。あるいは「聖なる父よ」「義《ただ》しき父よ」と呼びかけられた。私は、天のお父様が絶対であるかどうか知らぬ。しかし、私は、このお父様を信じている。キリスト教は、子供にでも分かるパパの宗教である。もし後になって付いた、付録のような神であれば、絶対無限の神であるかも知れないけれど、生まれついて、そのまま、心の中に生えた神であるが故に、アバ父の神（＊）である。ちょうどそれは子供が回らぬ舌で父親に呼びかけるような親しい言葉で、イエスは「アバ父よ」と言って、神に依りすがられたのであった（マルコ伝一四章三六）。

女詩人与謝野晶子夫人がかつてある教会へ行かれたとき、その教会の牧師が「神よ……」と言って祈るのを聞かれた。後に私に逢ったとき、「あの方の神様は大層、冷たい神様ですね」と言われたことがある。今日のキリスト教の硬化せし理由は、単に煉瓦造り会堂を建てるばかりではない。

したがって、神は愛であり、神は大であり、神は善である。また、全能であり、全智である。ある人は、神が創造主であることがどうしても分からぬと言うのであるが、生命と我と良心から出発する宗教は、必ず神を創造主と信ずるのである。また神は、高天原《たかまがはら》にあるのでなくして、内在の神である。

愛、——汝らの仇《あだ》を愛し、汝らを責むる者のために祈れ。これ天にいます汝らの父の子とならんためなり、天の父は、その日を悪しき者の上にも善き者の上にも昇らせ、雨を正しき者にも、正しからぬ者にも降《ふ》らせたもうなり。(マタイ五章四四〜四五)

大、——父は我より大いなるによる。(ヨハネ一四章二八)

全能、——神は凡ての事をなし得るなり。(マタイ伝一九章二六)

全智、——その日その時を知る者なし、ただ父のみ知りたもう。(マルコ伝一三章三二)

善、——善き者は唯ひとりのみ。「即ち神なり」(マタイ伝一九章一七)

創造主、——神の万物を造りたまいし開闢《かいびゃく》(マルコ伝一三章一九)

内在、——二、三人我が名によりて集る所には、我もその中に在るなり。(マタイ伝一八章二〇)

遍在——なんじら我が飢えしときに食わせず、渇きしときに飲ませず、旅人なりしときに宿らせず、裸なりしときに衣《き》せず、病《や》みまた獄《ひとや》に在りしときに訪《とぶら》わざればなり……誠になんじらに告ぐ、これらのいと小さきものの一人になさざりしは、即ち我になさざりしなり。（マタイ伝二五章四二〜四四）

またイエスの神は超越の神である。即身成仏とは違って、我々の上にある神である。

もし汝らのうち二人、何にても求むる事につき地にて心を一つにせば、天にいます我が父はこれを成したもうべし。（マタイ伝一八章一九）

ある人は「禅学はいいよ、禅をやると気がスウッとするよ」と言う。キリスト教にだって、充分スウッとする部分がある。今日の日本の多くの青年は、功利主義である。その多くは禅学をやると太っ腹になれるからやるくらいのことである。十字架上に敵を赦したイエスは、充分生命の奥義に徹底せられたのであり、したがって、禅学の奥義を体得した者だと言える。御利益《りやく》主義や、修養主義の宗教で、どうして、資本主義に打ッちかって行くことが出来よう。以上述べしごとくイエスの神は、生命と愛と良心のうちに直観する神であった。そして、生命と愛の神でなくては、行動の宗教とはならない。

このすべてを通じて変わらぬのは、神は特にイエスの父であるとのことである。

第三節　福音の性質

解放の年の告知

それで、かかる神をしみじみと経験するようになると、今までに知らなかった喜びが湧いてくる。それにある人はキリスト信者になっても、いつもいつも悲観ばかりしている。また、涙の出るような説教のみを好む人がある。そして「あの牧師さんの説教はいいお話ですよ、もう涙を流さずにはおられないようないいお話ですよ」と言って、感傷的説教のみをしきりに推賞する人がある。しかしその人は、「十字架のイエス」のみを知って、「復活のイエス」を知らぬ人である。イエスの宗教は、「喜びの年の知らせ」である。イヴァンゲリオンEuangelion（＊）――「喜びの音づれ」である。大きな半鐘の響きのように、歓喜と希望とに打ち震える、ジュビリーの年（＊）の到来である。血みどろの中から甦る新しい生命の創造である。かくて我らが、真に生命に溢れ、向上心に飛躍する時に、どうして泣きそびれておられよう。

イエスの伝えた福音の性質は――

1 「よろこび」の知らせ……ルカ伝四章一八
2 解放の年の告知……ルカ伝四章一九
3 神の自由の回復……ヨハネ伝八章三二
4 罪の破壊……マタイ伝九章二、ルカ伝七章四八
5 神の国の回復……使徒行伝一章六、ルカ伝一七章二一
6 イエス中心……マタイ伝一一章二八
7 神人融合……ヨハネ伝一〇章三〇

スタンレー・ホール（＊）氏の統計によると、青年の約六五％は悲哀であるという。時代を通じて成長しつつある者には悲哀が多い。しかし労働者には悲哀がない。労働者は学生と違って、精力一杯に労働しているので悲哀を知らないのである。ところが学生や、女の人の多くは、学業や仕事以外に精力が沢山余る。それで、魂が放散していて、精力の浪費が起こるので、悲哀が多い。

しかも、生命と復活の力を知らぬからして、現代の多くの若き人々は、外側の刺激を求めて彷徨するのである。しかしもしも内側に、神の自由を回復し、内的生命が湧き溢るるならば、外からの刺激は全く不要になるのである。内なる光が輝き出し、復活の力が心霊

の底から沸湧するに勝る強烈な刺激がまたと世にあろうか。

　悲哀を知らぬ労働者の宗教は、知識階級の思想宗教とは大分趣を異にする。それで、労作者の宗教は、ただ本を読んで信じた視覚宗教とは余程違ってくる。大工イエスの宗教は、労働のうちに、建築のうちに、創造のうちに、完成のうちに、直観する喜びの宗教である。今日のある青年たちは蟹《かに》の目のように目ばかり働いて、手足は麻痺して、能力不如《ふにょ》意《い》性になっている。

　今や、新しい宗教が生まれつつある。それは、自覚せる労働者の胸に発酵しつつある宗教である。世界の労働階級が、非情な速力で働いて来ると、そこに新しい宗教が発生する。

　ゾラ（＊）の『巴里《パリ》』の中に、無政府主義者の連中が大きな教会堂の下へダイナマイトを仕掛けて破壊を計るところがあるが、今日の教会が、余りに、視覚的宗教にのみ耽《ふけ》っているのを見るとちょっと反抗したくなる。「牢獄から白亜館へ」と言われた米国大統領候補者たりしユージン・デブス（＊）は、イエスほど偉い人はないと言っている。労働運動が真剣になって、労働階級が動いてくると、それは、必ず理想主義になる。そして、そこには、各自の生命の奥に大きな大きな波が打つとともに、大建築者イエスの宗教がグゥ、ツ、と動いてきて、神が示現されてくる。もし今日、人類が、上調子な生活を離れて、真の生命と、労作に帰ってくるならば、必ずイエスの宗教に帰ってくるに違いない。

今日の人の宗教は、解体せられた宗教である。ある人の宗教は目の宗教であり、ある人の宗教は耳だけの宗教である。それで、有り難そうな御幣《ごへい》を見たり、賛美歌を聞いたりする瞬間だけ、部分的に宗教的になる。それでは決して喜びは来ないのである。しかしも、あなたが、真の自我と、生命と労働に帰り、ナザレのイエスに帰ってくるならば、ちょうどスイッチをひねれば電気が交流するように、あなたの中に今まで味わなかった神人融合の喜びが泉のごとくに湧き上がることを知るであろう。書斎から、暗い屋内からあなたがもう一度、田園と工場と街頭に出るならば、どんなに悲しくても、イエスの宗教がイヴァンゲリオンであることが充分に分かってくるであろう。

元来、キリスト教は最初から、抑えつけられた人々の宗教であった。初代キリスト教会の人々の多くは、パピルス紙すら買い求められないで、牡蠣《かき》の貝殻に文字を書きつけたものである。この牡蠣の貝殻の上に書きつけられた宗教が我々に伝えられてきたのである。この力強い大工イエスの宗教が今や、個人的にも時代的にも、資本主義で腐敗した現代の内部に、溌剌《はつらつ》として動いて来つつある。世界の解放の年は近づいた。

第四節　神の経験の二方面

一　人間としての神の経験

宗教経験に二つの方面がある。一つは人間としての神の経験であり、今一つのものは、神としての人間の経験である。今日、人生の目的に関して、実に種々雑多な説が行なわれている。

欲求必充の世界

ペーター（＊）が「人生の目的は美的生活にある」と言えば、いや、エピキュリアン（＊）は「いけない、真の快楽は苦痛のうちにあるのだ」と言う。そうかと思えば、人生の目的は克己である（ストイクの説）と説く。あるいは、進化的生活が本当の人生だと言うかと思うと、ネオ・ヘーゲリアンのグリーン（＊）は完成説を説いた。グリーンの数百頁の倫理学書を繙《ひもと》くのはなかなか容易でない。

ところが、イエスは、グリーン以前に、チャンと完成説を教えてくれたのである。即ち、彼は理想としての神――「天に在す汝らの父の全きがごとく汝らも全くすべし」――を教えられたのである。グリーン曰く、スペンサー曰くを言わないでも、私は、マタイ伝五章四八節で充分である。私の学生時代に倫理を受け持たれた先生は、いつも酒を呑んで教室へ来られた。口に人格の完成は説くが、その当人は少しも完成していない人であった。私はイエスが理想としての神を現して下さったことを有り難く思う者である。

人間としての神の経験を詳述すれば――

人間としての神の経験

1　理想としての神……マタイ伝五章四八
2　祈りを聞く神……マタイ伝七章一一
3　実行の神……マタイ伝七章二四
4　摂理の神……マタイ伝六章二四―三四
5　救いの神……マタイ伝九章一二、ルカ伝五章三一、同一五章、マルコ伝二章一七
6　罪を赦す神……マタイ伝六章一二、ルカ伝七章三六以下
7　審判者としての神……マルコ伝一三章

そして理想は祈ることによって得られる。神は我らの祈りを要求せらるるのである。

求めよ、さらば与えられん。尋ねよ、さらば見いださん。門を叩け、さらば開かれん。すべて求むる者は得、たずぬる者は見いだし、門を叩く者は開かるるなり。汝らのうち、誰かその子パンを求めんに石を与え、また魚を求めんに蛇を与えんや。さらば、汝ら悪しき者ながら、善き賜物をその子に与うるを知る。まして天にいます汝らの父は、求むる者に善き物を賜わざらんや。(マタイ伝七章七〜一一)

すべての宗教を心持ちの上から、二大別することが出来る。即ち、それは、主として思想の方面の宗教である瞑想宗教と、祈祷宗教とである。瞑想宗教に属するものは、禅宗、及び、(キリスト教でも、黙示を待つ場合は瞑想的になる)中世紀のミスチシズム(神秘主義)などがこれにはいる。祈祷宗教には、日蓮宗、真言宗——その密教の部分は一種の祈祷である——がある。キリスト教は、始めから祈祷宗教であった。

本当か嘘か保証の限りでないが、次のような話がこのあいだ新聞に出ていた。レーニン(＊)の妻君が共産主義宣伝の日曜学校をつくった。そして、子供たちを集めて言うには、「さあ、神さまにパンを下さい」と祈ってごらんなさい。神さまはパンを下さいますか。下さらない。それなら「共産主義、パンを下さい」と祈ってごらんなさい。それそれコミュニズムはあなたの祈りを聞いてパンをくれるでしょうと言って、レーニン夫人がパンを子供の所へ持っていってやったという話である。

もしレーニン夫人が仮にそういう事をしたというなら、そしてまた、あなたが祈りをそんな風に考えるならば、それは大きな間違いである。

なぜであるかと言えば、我々の神――生命は内側から人格を通じて、働くものであって、もし我々が神の中にいるとするならば、必ず我々の祈りは応えられるものである。あるいは友を通じて応えられる場合もあるであろうが、いずれにもせよ、求めるならば、必ず得られるものである。

十八年位前、牧師の息子である二人の青年が自転車にプロペラをつけて飛び上がろうとした。それはライト兄弟であった。彼らは求めたが故に、ついに飛行機に乗って飛び上がることが出来たのであった。

三十五年前に、エジソンは電球を作ろうとして、十一万遍の試験の結果ようやくにしてその製造に成功したのであった。彼は求めたのである。そして得たのであった。

モールス（＊）は画家であったが、大西洋を航海して英国から米国へ帰るとき、電信を発明したいと言って祈った。彼は「神よ、もし私が電信を発明しましたら、きっとあなたの御用に使います」と祈ったのであった。そして、彼が電信を竣功したとき、第一に送信した通信は聖書の文句であった。それでその後、電信開通の場合には先ず、新約聖書の一句を送信するのが慣例になった。何でも日本でも、古い頃には電信が開通した場合には、第一に聖句を送信したものであったということである。

求めよ！　内的に、人格を通じて、全生を通じて。必ずそれは充たされるのである。要求するならば、必ず得られるものである。だから、我々が神に要求することは、決して間違ったことではない。

だからもし、我々が、人類を更改したいということを心から祈るならば、必ずその祈りは聞かれるのであろう。およそ世界の歴史の危機危機に祈りなくして通過した経験があるであろうか。

ウエスレー（＊）は、ドーバーの向こう側のフランスで、ジャコバン党やロビスピエールや、ダルトンが騒いでいるとき、「英国を私に下さい」と祈ったのである。そして「ウエスレーの祈りは英国を革命から救ったのである」（カーライル＊）。ノックス（＊）は「スコットランドを私にくれ」と祈った。そしてスコットランドは彼に従ったのである。「英国全体が私のパリッシュ（教会区）だ」と言ってウエスレーは祈った。そして英国全体が革命なくして通過出来たのであった。

真の内的更改なくして社会は救われるものではない。それで私は組合運動に力を注ぐと共に宗教運動に熱狂する。社会の改造は、理想と愛と、人道と、神の愛によらなくては駄目である。

社会改造の最後の問題

次に、人間として経験する神は、実行の神、摂理の神、救いの神として我々に示される。

実行の神——我にむかいて「主よ主よ」と言う者、ことごとくは天国に入らず、ただ天にいます父の御意《みこころ》をおこなう者のみ、これに入るべし。

すべて我がこれらの言をききて行なう者を、磐《いわ》の上に家を建てたる慧《さと》き人になぞらえん。（マタイ伝七章二一～二七参照）

摂理の神——何を食らい、何を飲まんと生命のことを思い煩い、何を着んと体のことを思い煩うな。（マタイ伝六章二五以下）

救いの神——健やかなる者は医者を要せず、ただ病ある者、これを要す。

我は正しき者を招かんとにあらで、罪人を招かんとて来たれり。（マルコ伝二章一七）

さらにまた、罪を赦す者として、イエスは神を経験せられた。ある人々は、ヘートレッド（憎悪）の外何も知らない。そして、資本主義に対するには、争闘の外に道なしと言うのである。

しかしながら、イエスは、「赦せ、赦せ」と言われた。そして、赦すことは神御自身の御心であるとせられた。

罪を赦す神――我らに負債《おいめ》ある者を我らの赦したごとく、我らの負債をも赦したまえ。

（マタイ六章一二）

バートランド・ラッセル（＊）は『自由への道』の最後に、「色々の改造が行なわれて後、最後に残る問題が一つある。それは、たとえ社会主義共産主義の時代が来ても、社会に対して反逆する人間が必ずある、それらの人間をどう処分するかということである」と言っているが。社会改造の最後に残る問題、そして一番むつかしい問題は罪の問題である。これを解決しえない宗教は人生に無用である。イエス・キリスト自身を通じて経験された神は、この最後に残った罪をも、グゥッと救い上げる力を有する神であった。

しかし神は、正義と不正との区別の分からぬ神ではない。それで神は審判者としても経験される。

審判者としての神――その日は患難《なやみ》の日なればなり。神の万物を造りたまいし開闢より今に至るまで、かかる患難はなく、また後にもなからん。主その日を少くしたまわずば、救わるる者一人だになからん。されどそ

の選びたまいし選民のために、その日を少くしたまえり。（マルコ伝一三章一九〜二〇）

二　神としての人間の経験

宗教の定義の書き換え

しかしイエスによる我々の宗教経験は、ここに――人間としての神の経験に止まらない。その時に神は一つの理想であるかも知れぬが、その宗教経験は、いつも努力奮闘の生活となり、苦痛の生活となりやすい。宗教経験に今一つの方向がある。即ちそれは、神として人間を経験する方面である。神が単に我々にとって理想たるに止まり、綱でもって引っ張られていく間はまだ本当の宗教ではない。真の宗教は、神自身が我々に乗り移る、神としての人間の経験である。神は「拝する者を求めたもう」とはこの意味であると思う（ヨハネ伝四章二三）。

即ち、真の宗教は、神御自身が人間を求めるのである。直流でなく――単に人間が神へ行くのみでなく、神からまた人間へ帰ってくる経験がそこになくてはならない。これでイエスによって、宗教の定義が書き換えられたのである。宗教とは――「人間が神に信頼すること」のみでなく――「神が地球上において人間生活を経験すること」である。即ち、神がイエスとして人間を経験するという一面がある。即ちそれは神が神で止まらずして、人間の心の中に働く、神の生活である。この消息が分からぬと宗教は極めて表面的にのみ止まるおそれがある。

神としての人間の経験
――キリストと我ら――

1 天より下りし人（化身者）……ヨハネ伝六章三八、四一、五八、六二
2 神より遣わされし人……………ヨハネ伝五章三六、六章三九、八章一八、二九
3 神の像なるイエス………………ヨハネ伝一四章九
4 神の道としてのイエス…………ヨハネ伝一四章六

前述の点においてイエスの宗教は、宗教歴史上、未聞の「化身宗教」となったのである。神がイエスという肉の中に化身したという、これは一つの大なる宗教経験である。神が自らの位を棄てて、ナザレの労働者イエスとして、人間生活へ入り込んだというのならば、我々が貧民窟へ入って生活するくらいは何でもないことである。

それは即ち、神人融合の世界である。神の生活を送ることも、人間の生活を送ることも、どちらでも自由に出来る。融通自在の世界である。神に取っ掴《つか》まえられるならば、

我々はどこへでも行かなくてはならぬ。パウロは、神の召しをいやだと言って逃げ回ったが、ついに、彼は神に強要されて神の御心のままに随いて行かざるを得なかったのである。私は十五歳の時信仰に入って以来今日まで、少しも動揺したことがない。それは私が神を掴まえるのみでなく神が私を掴まえたもうたからである。我々は Abide with me の神、即ち神共にある神人融合の世界を味わう者とならなくてはならぬ。

神人融合の世界

1 神人協同……………ヨハネ伝八章一六、二九

2 神人合一……………ヨハネ伝一〇章三八、一四章一〇、一七章二一〜二二

3 神の補助……………ヨハネ伝一七章三

4 神の子の自覚……マルコ伝三章一一

我々はどんな動乱の渦中に落ち入るとも、病気を通じ、苦しみを通じ、悩みを通じて常に一つの定まった道を知らなくてはならない。

近頃、テチヒカイト（体験）という言葉が盛んに用いられる。「真の生命とはナザレのイエスによって発見された生命である」（西田幾多郎氏）

もし我々がイエスの体験を通じて、神人合一の生活に入っているのであれば、どうし

て、堕落することが出来よう。それは、神の姿を自分の心に写し、自分の心を神の心に交す、もっとも深刻な宗教経験の世界である。

第五節　神の礼拝と形式主義の拒絶

真の神まつり

かくのごとき宗教生活は、自然に内的となり、その礼拝においても、すべての化石した形式主義を拒絶するようになる。宗教は必ず何かの表象を採るものであるが、それが極端に行って、何か風変わりなことをしなくては宗教でないと考える人がある。そしてただ、形だけが伝えられて生命の無い形式主義が、一つの社会的伝説となって、あたかもそれが宗教であると考えられる場合がある。イエスはそういう純真な宗教生活のさまたげとなる宗教上の形式主義を容赦なく拒絶せられた。

神の礼拝と形式主義の拒絶

1　断食…………マタイ伝六章一六、九章一四、マルコ伝二章一八、ルカ伝五章三三

2　祈祷…………マタイ伝六章五

3　服装外貌……マタイ伝六章一七
4　儀式………マタイ伝一五章一〜二〇
5　慈善………マタイ伝六章三
6　安息日………ヨハネ伝五章九、ルカ伝六章二
7　形式主義……マルコ伝七章五〜一三

断食することそれ自身は悪いことではないかも知れぬ。唱歌者などは普通夕食を省いているのである。メソジスト教会は、最初の頃一週二度断食したことがある。しかし断食がただ一遍の宗教的形式となってしまって、型に囚われて、神が御留守になると、かえって宗教の妨害となる。イエス時代のパリサイ宗のある人々は、そういう固定した形式主義に堕していた。

イエスは、それで形式的断食を忌憚《きたん》なく痛撃した。イエスは平気で俗人と伍して飲食を嗜《たしな》んだので、大食漢とまで言われた。

ここにヨハネの弟子たち御許に来たりて言う、「我らとパリサイ人とは断食するに、何故なんじの弟子たちは断食せぬか」(マタイ伝九章一四)

彼らイエスに言う、「ヨハネの弟子たちはしばしば断食し祈祷し、パリサイ人の弟子

たちもまたしかするに、汝の弟子たちは飲み食いするなり」(ルカ伝五章三三)

宗教家というものは、いつも憂容《うきさま》をしている、仙人のような、何か特殊な階級の人間だと考える人々から見れば、イエスの生活は随分妙に見えたに違いない。しかし、イエスの宗教は、俗の俗なる中に、神が人間を経験して、すべての日常生活を聖くするというのであった。宗教家であるのに、社会運動をするのは俗物だとある人は言うかも知れぬが、イエスの弟子であるから、私達は社会運動をするのである。

祈祷の問題でもやはりそうである。それは形式的なものであってはならぬ。何でもイエスの時代に、パリサイ派に七派あったとのことで、あるパリサイは、「肩ゆりパリサイ」といって、いつでも感動している風を装うて肩をゆすって歩いた。「俯向《うつむ》きパリサイ」というのは、女の顔を見ないようにというので俯向いて歩いて三尺先を見なかった。「爪先パリサイ」というのは神の聖地を歩くのだからというので、爪先で歩いた。また「震い声パリサイ」というのは、祈りの時、いかにも霊感に打たれたように、声をわざわざ震わして祈ってものである。

イエスはかかる形式主義を極力排斥された。

なんじら祈るとき、偽善者のごとくあらざれ。彼らは人に見られんとて、会堂や大路の角に立ちて祈ることを好む。誠に汝らに告ぐ、彼らはすでにその報いを得たり。なんじは祈るとき、己が部屋に入り、戸を閉じて、隠れたるにいます汝の父に祈れ。さらば隠れたるに見たまう汝の父は報いたまわん。（マタイ伝六章五〜六）

イエスはまた「顔を洗って来い」と言われた。その当時ラビ・ヨセというパリサイ人は何でも十八年間、神に対して敬虔であるために顔を洗わなかったという。

なんじら断食するとき、偽善者のごとく、悲しき面容《おももち》をすな。彼らは断食を人に見せんとて、その顔色を害《そこな》うなり。誠に汝らに告ぐ、彼らはすでにその報いを得たり。なんじらは断食するとき、顔に油をぬり、顔を洗え。（マタイ伝六章一六〜一七）

宗教的であろうとして何も、蓬髪垢顔《ほうはつこうがん》でおる必要はない。服装の問題でもそうである。一枚の着物だけでおることが、もっとも宗教的であるなどとある人は考えるが、それは間違いである。イエスは、「顔に油をぬり、顔を洗え」と言われた。扮《やつ》す必要はないが、我々は神を信ずるのに、普通の服装外貌でいても少しも差し支えがないのである。

ユダは、イエスが醜業婦の香油を浴びたのを非難したが、イエスは「これは私の葬式をしてくれたのだ」と言って、喜んで香油を頭に浴びられたのであった。ピューリタンでも決して芸術の全部を否定しなかった。平民芸術はいいものである。「顔を洗って来い！」神を礼拝するがためにわざわざ特段な技巧を凝らすことは無用である。イエスは、当時の宗教家が、儀式に囚われてかえって、神の戒めを犯すことを痛く難ぜられた。

神は「父母を敬え」と言い、「父また母を罵《ののし》る者は必ず殺さるべし」と言いたまえり。しかるに汝らは「誰にても父また母にむかいて、我が負う所のものは、供物《そなえもの》となりたりと言わば、その父また母を敬わずに及ばず」と言う。かくその言伝えによりて神の言を空しうす。偽善者よ、うべなるかな、イザヤは汝らにつきて預言せり。曰く、「この民は口唇《くちびる》にて我を敬う、されどその心は我に遠ざかる。ただ徒《いたず》らに我を拝む。人の訓戒《いましめ》を教えとし教えて」（マタイ伝一五章四～九）

慈善の問題でも同様である。イエスはわざとらしい慈善を厭《いと》われた。良心を欺瞞するために金一円也位を寄付して、安心する人が無きにしもあらずである。もしそれが真の愛から発生したものでないならば、幾ら寄付しても何もならない。

汝は施済《ほどこし》をなすとき、右の手のなすことを左の手に知らすな。これはその施済の隠れんためなり。さらば、隠れたるに見たまう汝の父は報いたまわん。（マタイ伝六章三〜四）

あるいは、安息日というものが、一種の形式となって、かえって、宗教の生命を涸渇せしむることがある。イエス時代のパリサイ派は、安息日に関して四十の禁をもっていた。一はモーセより他は、彼ら自身が付加した。そしてその多くは仕事に関してであった。彼らは、金曜日の晩から裁縫師が針を運び、書記が筆を運ぶことを罪ありとした。また安息日に女が鏡に向かうことを罪とした。それは、白髪を抜いて――即ちそれは労働である――罪を犯すのを恐れたからであった。もちろん、我々が七という日を重んじて一週《めぐ》り一週りに特に集って礼拝するのは、四千年間に経験した一つの学習心理であって、このことは宗教意志の発育にも一定の周期律的刺激を要することから、起こったことである。日曜日を重んずる理由は、ここにあるのである。しかしもしも、ちょうどある人々が、友引やその他の日や月や、節に囚えられて、一種の偶像主義に落ち入っているがごとくに安息日を扱うのであれば、それは充分警戒を要するのである。イエスはそういう時間上の偶像主義を打破するのに努められた。そしてイエスは形式主義を極力排斥して、生命と我と真の救いの中に神まつりをせねばならぬことを教えられたのであった。

神に行く順序

イエスは、「ああ信なき世なるかな」と歎ぜられたが、表面的な人には神は分からない。樹蜂《きばち》は地上に飛んでいて、地上四尺の下に埋まっている青虫の所在を嗅ぎつけるのである。我々は土の下を掘らねばならぬ。やれ、軍備制限、やれワシントン会議、やれ何々という、新聞記事と噂に、心を鈍らされることなくして、日常経験の底層に、渦巻いている神の恐ろしい力を感知せねばならぬ。ある人の生活は、ただ騒がしいばかりの表面的生活であり、あるいは活字の生活である。そして、そこには、少しの敬虔もないのである。しかし、地下百尺、土地をグゥッと掘り下げて行くと混々と地下水が噴き上がるのである。恐ろしい力で地下水が動くのである。アメリカへ行くのに、舟を黒潮に乗じて行けば、黒潮の速力に、自分の速力が加わるから、快速力で走ることが出来る。我々も心の中に吹き上げてくるこの神の潮に乗るのでなければ、未だ真の救いに入ったのではない。

沖へ出でよ！　潮に乗れ！

どうして、いつまでもいつまでも日常生活に齷齪《あくせく》として、自分で小さな溝を掘っているのか。大きな神の黒潮が我々を動かそうとしているのに。

神に行く順序

1　悔改…………マルコ伝一章一五
2　再生…………ヨハネ伝三章七
3　信仰…………ヨハネ伝五章二八、八章二五、一一章四二
4　服従…………ルカ伝九章五七、一七章一〇
5　奉仕…………ヨハネ伝一七章一八

神に行くには、先ず更改して、再生を経験しなければならぬ。そして単に自分だけが神を求めるのでなく、神の生命が我々に働きかけ、神が自分のうち乗り移って、神の生活をするものとなる。これが信仰の生活である。そして、我々は、神の潮流に向かって反抗するのでなく、生命の動く方向に服従して、愛の奉仕の生活に生きる者となるのである。

これを綜合して言えば、イエスの教えられた宗教は、良心の覚醒のうちに示現を見るという良心宗教である。それ故に、イエスは我々が罪を悔い改め、心が更改されるとき、もっともよく、極めて自然に神が直覚されるものとせられた。それでイエスの神は(1)理屈の神でない。(2)イエスの神は心に生えてくる神である。(3)イエスの神は弱者罪人を救う。(4)イエスの神は父としてすべての人に現れる。(5)イエスの神はイエスの中に最もよく現れた。(6)それで神はイエスを通じて経験が出来た。(7)神はイエスのように善を求め罪のため

に煩う。(8)イエスの神は十字架によって人類を贖う救いの神であり、(9)神は新しい人間の形をもって示現する。(10)だから神と人間は決して相背いたものではないのである。

イエス・キリストの時代は、千古にわたってただ一度の機会ともいうべき、時代であった。実際イエスの時代ほど、人間が真面目になり得た時は外にない。イエス・キリストの宗教はかかる時代に生まれたところの宗教であった。我々は、しかし今日でも、イエス・キリストの像《かたち》を見ることによって、彼を通じて、至純な宗教生活を経験することが出来る。神は古ぼけた、回りくねった今日の時代をもう一度救い上げる恐ろしい力である。ただ飲んで食って寝て起きる生命の袋小路に迷う、輪廻生活から、イエスの神は充分、我々を生命の正系に引き戻す力をもっておられるのである。

第二章　イエスと人間の失敗

試むる者「汝もし神の子ならば、命じてこれらの石をパンとならしめよ」
イエス「『人の生くるはパンのみに由《よ》るにあらず、神の口より出づるすべての言に由る』と録《しる》されたり」
試むる者「汝もし神の子ならば己が身を下へ投げよ」
イエス「『主たる汝の神を試むべからず』と、また録されたり」
試むる者「汝もし平伏《ひれふ》して我を拝せば、これらを皆なんじに与えん」
イエス「サタンよ、退け！『主たる汝の神を拝し、ただこれにのみ事《つか》えまつるべし』と録されたるなり」

——マタイ伝四章三〜一〇——

第二章　イエスと人間の失敗

序　節

イエスの宗教は一つの専門をもっている。イエスは、自らの宗教の使命を、病める者、弱者、貧しき者、迷える者、罪ある者に限った。即ち、イエス・キリストは、病理的の方面から、宇宙の本体に突っ込んでいったのであった。人間の失敗の部分、弱い部分に対して、イエスとその現したもう神が、どれだけの努力をしておられるかを私は見たい。それで私はここに、イエスと人間の失敗とを二つの方面から――事業の失敗と精神的堕落の――研究することとする。

第一節　事業の失敗

一　失敗と成功

私は昨年（大正八年）の不景気来の際、多くの事業が無残に破綻するのを目のあたりに見た。そのため、資本金一億円の某商事会社神戸支店は夜逃げをし、納税十一万円の某多額納税者は、十七軒の借家を立ち退かせ何百万円かを投じて建てた邸宅を開け放して、別荘に蟄居したのであった。あるいは失敗の結果、神経過敏になり、カルモチン（鎮静催眠剤）を飲んで煩悶を緩和しようと試みる人もあった。須磨の海岸では、過去十年間に、五千人に近い人が投身を計った。そしてこれは華厳の瀧ででも浅間の噴火口でも同様であった。人間の生活には、涙が多い。右には千人が倒れ、左には万人が倒れるのである。そして多くの人が伸び上がる生命をその途中で失墜してしまうのである。

イエスの成功の定義

失敗とは何か、成功とは何か、その意義を知ることが大切である。ある人は、多くの金を持つことが成功であるとする。と思えば、持ち過ぎて煩悶する人がある。

イエスは何を成功であるとしたか？　彼は、真の成功とは、生命を完うしたものであると言われた。「限りなきいのちを」得るものが真正の成功であって、それ以外のものは失敗であるとせられた（マルコ伝八章三六）。

(1) 基礎なき失敗

さらばすべて我がこれらの言をききて行なう者を、磐《いわ》の上に家を建てたる慧《さと》き人になぞらえん。雨降り流れみなぎり、風吹きてその家をうてど倒れず、これ磐の上に建てられたる故なり。すべて我がこれらの言をききて行なわぬ者を、沙《すな》の上に家を建てたる愚かな者になぞらえん。雨降り流れみなぎり、風吹きてその家をうてば、倒れてその顛倒《たお》れはなはだし。（マタイ伝七章二四－二七）

いくら外見的に成功したように見えても、基礎がないものは必ず倒れる。成功したと思われてかえって失敗している場合が多い。ナポレオンは十数万の大軍を引率してモスクワへ進入したが、モスクワ全市が焚《や》かれているのを見たとき、彼は雀ケ丘の上でさめざめと泣いた。彼は非常な大成功をしたその刹那に、しみじみと勝利の悲哀を感じたのであった。

後、彼はセントヘレナ島に流されたのであったが、ある時侍従の某伯爵に向かって述懐をして言うには
「おれは大きな失敗者であった。しかしナザレの大工イエスは、世界の征服者だ」と。ナポレオンは、自分の事業を大きな大きな成功だと思ったが、実は大いなる失敗であることに気づいたのであった。軍力に依る勝利は、実は、勝利ではなかったのであった。（前田越嶺著、『基督傳』巻頭「ナポレオンのイエス観」）
孔子は、十四年間内閣の椅子を占めていたが、その生活は、成功ではなかった。彼がその栄位を投げ打って野に下ったとき、本当の意味で彼の成功があったのである。
某雑誌の海外派遣記者が、英国労働党の首領に会ったということ聞いて、バートランド・ラッセルが言うには、「あんな人間は駄目だ」と。どうしてかと聞くと、「君、大臣などになる人間にいい人間はいない」と答えたということである。

(2) 成功の失敗

生命を得る者はこれを失い、我がために生命を失う者はこれを得べし。（マタイ伝一〇章三九、一六章二五）

こんな風に、成功したと思われている人が、かえって失敗していることが多い。

不信仰の失敗

ある人はまた、信じないので失敗する。ある時、イエスの弟子達のところへ癲癇《てんかん》の少年を癒やしてもらおうと思ってその親が連れて来た。ところが弟子達は、よう治さなかった。それでその人はイエスのところへその少年を連れて来てようやく癒やされたのであった。これを見て弟子達が密かにイエスの許へ来て、「我らは何故に逐《お》い出し得ざりしか」と尋ねた。イエスはこれに答えて、「汝ら信仰うすき故なり。まことに汝らに告ぐ、もし芥種《からしだね》一粒ほどの信仰あらば、この山に『ここよりかしこに移れ』と言うとも移らん。かくて汝ら能わぬこと無かるべし」（マタイ伝一七章一四～二一）と言われた。信仰のないとき、事業はしばしば失敗する。

(3) 不信の失敗

癒やすこと能わざりき。（マタイ伝一七章一六）

イエスの言葉のように「すべて祈りて願うことは、すでに得たりと信ぜよ、さらば得べし」（マルコ伝一一章二四）――であるが、この信仰が無いので多くの人は失敗するのである。我々もこの信仰の薄いことを感ずる。世界における大きな仕事は、その根底において大概は信仰から出発しているのである。

かのスエズ運河、及びパナマ運河の掘削は、妙なことであるが、一つの信仰から来ているのである。社会主義を初めて称えた人達は、フランスのサン・シモン（＊）を始め、すべてが、宗教的精神に立っていた。そして、サン・シモンの弟子達は非常に宗教的に進んだものであった。殊に、その中の一人でアンファンタンという人は、科学と宗教とを調和せねばならぬと考えた。そして、宗教と科学との調和した生活を理想としたのであった。レセップ（＊）は、このアンファンタンの感化を受けた人で、「真の社会事業は、信仰なくしては出来ない」として、信仰に基づいて、スエズ運河を開いたのである。彼はまた、同じ考えをもって、パナマ運河の掘削に従事したのであった。大きなスエズ、パナマの運河の掘削にしてもこのように信仰から来たということを我々は知らなくてはならぬ。

イエスは、「もし芥種一粒ほどの信仰あらば、この山に『ここよりかしこに移れ』と言うとも移らん」と言われた。マホメットは、「山よ、こちらへ来い」……と命じて……「来なけりゃ、こちらから行ってやろう」と言った。これだけの覚悟があれば、山は必ずこちらへ移るに相異ない。不信のために、事業に失敗する人が少なくないのである。

神戸のウィルクスという宣教師が日本へ来て一番よく聞いた言葉は、「仕方がない」という言葉であったと言っておられる。誰も彼もが、じきにこの言葉を発する。私達は、どんな境地に落ち入っても、「仕方がある」ようにならないといけない。ある人は、信仰があると称しながら、「仕方がない」を連発する。放逸な生活をやっている人に、「君、も少し心得たらどうかね」と忠告すると、「これは、僕の癖だからどうも仕方がない」と答える。あるいは、「これは僕の趣味だから仕方がない」と称して、自堕落な性行を少しも反省しない人がある。こういうのを、「性格の決定」と称する。『婦人犯罪社会学』を書いたイタリアのフェリ（＊）は、女の人で、二十七歳を過ぎて犯罪した人は、もはや性格が決定していて、到底更改の見込みがないと言っている。しかし私達は、少しでも自由意志の動く余地をもつ間は、決して諦めをつけてはならないのである。何らか、そこに、仕方のある工夫を見付けるのでなくてはならないのである。

パウロはクリスチャン・オムニポテンス（キリスト信者の全能性）――「我は我に力を与うるキリストによりて、すべての事をなし得るなり」（ピリピ書四章一三）を説いたが、私達は、フェース・オムニポテンス（信の全能）を知る者でなくてはならぬ。自分で好い加減な見切りをつけて、「性格の決定」をしてしまってはいけない。

「君、そう、色町へ足を入れちゃ、いけないじゃないか」と言えば「これはどうも遺伝でね、僕の父も、こんな風にして、堕落したんだ。仕方がないよ」と言う。イプセン（＊）に『幽霊』という劇があるが、それは、父が下女に手をつけた。すると、その子が、やはり父と同じ不義を行なった。母はこれを見て、父の幽霊だという筋であるが、すべてを幽霊に帰してしまうならば、何でも、仕方がないのである。

しかし、信仰はオムニポテントである。私達に、山を呼び寄せるだけの勇気が必要である。私は少しでも、動ける余地のある間、決して諦めてしまわない。信仰は、梃子《てこ》である。この梃子一つで、地球でも動かせるのである。この信仰が我々にあるとき、我々に失敗の憂いはない。

ペルシーという人が陶器を焼いたとき、幾度も幾度も、実験を重ねるけれども思うように白の釉薬が付かない。すべてを燃料に用い、ついにベッドステッドまで焚き尽くしたとき、ようやく白く陶器が塗れたのであった。ペルシーの信は、彼に成功をもたらしたのであった。

忍耐と成功

ところが、信仰があっても、辛抱しない人がある。人間の仕事には、必ず時間的推移があるのであるからして、辛抱が要るのである。日本の人は、どうしても辛抱が足らない。それでいつでもフワフワしている。クロポトキン（＊）を三日研究して、次には社会主義を三日勉強する。そして、聖書を三日読んでみるといった具合である。フランクリン（＊）は、「引越しを三遍すれば家が焼けたのと同じだ」と言っているが、私の知人に、一年に一度ずつ引越しをする人がある。そして、旅のつもりで引越しをしているのだと言っている。（日本の青年には、信仰の引越しも少なからずあるようだ。）

私は、今日まで、十一年と九カ月の間、少しも貧民窟を動かない。私は、深く真直に入って行く錐《きり》の生活がすきである。ある人たちは、教会ゴロとでもいおうか、絶えず、クルリクルリ出たり戻ったりしている。私は、動くことが嫌いである。一度、入ったならば、それっ切り動揺しない。私は、それで終わりまで辛抱するつもりである。キリスト教の信仰は、一年や二年では味は出て来ない。妻君でも二十年三十年連れ添って、辛抱し合ってこそ初めて味が出るのである。

ジャスチン・マーター（殉教者ユスティヌス＊）がある時、ローマのカイザルの前に呼び出されて、偶像に線香を焚《た》けと強要された。彼は死にかかった老人であったが、それを拒絶して言うには「滅相もない。私は長年の間イエスを信じて来た者だ。それを今棄てよというのは、どうしたわけですか、私は終わりまでイエスについて行く者である」と。「私は終わりまでつく」――最後まで自分の信仰を持続する人は必ず救われる。

(4)　忍耐と成功

終わりまで耐えしのぶ者は救わるべし。（マタイ伝二四章一三）

失敗の成功者

ある人は、例えば小林ライオン（＊）のように——キリスト教を信じたために成功する。神田の河岸に某という化粧店がある。私はそこの主人に依頼されて店員へ説教に行ったことがあるが、この人は、小林氏を真似て、キリスト教によって店員を修養せしめて、商売繁昌を計ろうとしたのである。しかし、主人公自身はキリスト教になるのにちょっと具合がわるいので——というのは、彼にお囲い者があったからである。

しかし、世間には、キリスト教になったがために、かえって、失敗する人も少なくない。もっともこの頃は、昔と違って、神戸市あたりでも、社会事業はキリスト信者でないと受けが悪いことになっている。ある商事会社では、社員を淘汰するのに、酒飲者から淘汰する。それで信者は評判がいい。

ナポレオンは、ナザレのイエスは、成功者だと言ったが、実は、イエス・キリストは失敗者の失敗者であったのだ。イエスは死んだとき、ただ一枚の羽織と、腰巻と、縫い目なしの着物だけがしか持っていなかった。がその着物は、ローマの兵卒がくじを引いて分配してしまった。彼の最期は、磔刑《はりつけ》であった。今日でこそ、我々は、十字架をGlorify（栄光）して有り難く思うが、磔刑は、当時の極刑であった。あまり嬉しいものではない。一度でも監獄へはいってみると、その有り難くないことが分かる。前科者はもはや外国へは行けないし、社会での信用はなくなる。私なんか思想問題の前科三犯者であって、裁判所へ罰金をすでに五百円も払っている。余り嬉しいものでない。

その最期が十字架上に終わった一生、どうしてこれが成功であろう。今日でこそ、十字架を崇拝するが、実際は磔刑は厭である。ヨハネ伝六章末に弟子達が、イエスに謀反したことが記されている。

「君、耶蘇（＊）はどうだ?」「僕はもう失敬するよ」といった調子で、ダンダン弟子の数は減ってしまった。そして、後には十二弟子だけが残った。そこで、イエスは「汝らもまた去らんとするか」と反問しておられる（ヨハネ伝六章六七）。

ついには、ユダが謀反する。頼もしいはずの残りの十一人は、イエスの苦悩も知らずに居眠りをする連中である。最後まで従ったのは数人の女ばかりであった。即ち十字架の下にまで従った女達は、イエスの母、その姉妹、マグダラのマリア、ヤコブとヨセの母、ゼベダイの母、ヨハンナ、クロパの妻の数人のみであった。女の人は保存要素が強いので、すべての善い所を保存してくれる傾きがある。キリスト教の伝播力は女に待つことが大である。

日本の国では、今日、キリスト教を信ずることは極めて自由であるからいいが、もし、バイブルを持っている者は皆家宅捜査でも受けるのであったらどうであろう。今日の信者の大部分が逃げ出すかも知れぬ。今日では、宗教に対して圧迫がない、それだけどうもだらけ気味である。本気にならなくては駄目である。東京市中においてすら、数千の信者があることはあるが、どうも力がないではないか。何かそこに、現代のキリスト教が失敗している所があるように思える。

イエス・キリストは、失敗者として架刑に処せられた。それで弟子は皆逃げた。ただ、女の人たちの数人と、イエスの母の遠縁にあたるヨハネの家族の中にイエスを慕う人々があって、ようやくのことで踏み止まったのみである。ところがそれにもかかわらず、イエス・キリストは敗けたと言わなかった。

(5) 失敗の成功

我れすでに世に勝てり。(ヨハネ伝一六章三三)

即ち、彼は失敗の成功者であった。これに反して、世の中には、非常に成功したように思って、実は大きな失敗をしているのに気付かない人が少なくない。

私はかつて、大阪日日新聞の主筆の某君と共に、船成金の某家に行ったことがある。この人の須磨の別荘は離宮よりも規模の大きいものであって、何でも六百万円を投じて桃山式に建てたものだという。用材としてすべてに神代杉を使った宏壮な邸宅であるそこへ、某々という大臣が来ていた。一回のご馳走に何十円も費やすとのことであった。私はそこへ行ったとき、主筆を顧みて言った。「君、こんな大きな家をどうするのだろうね」「住むのだろうよ」と主筆は答えた。私はその時考えた。私は二畳敷に住んでいる。そして別に不自由は感ぜぬ。クロポトキン（＊）が入獄していたとき、一日に監房内を五哩歩くことにしたという。それは、ペテルスベルグは湿気の多い所であるため、運動せぬとリウマチに罹《かか》るからであった。私もこの夏、神戸の橘《たちばな》分監に投ぜられていたとき（＊）、その真似をした。監房内の面積は一坪五勺ほどであって、六歩位の広さがある。私は、そこを毎日歩いた。一日平均二哩歩いたと思う。そうすれば、部屋の広さは二哩あると考えていいわけだ。

あの有名な俳人正岡子規が、肺病に罹って病床に日々を送らねばならなかったとき、自分の部屋の天井裏を旅行したことを書いている。私はそれを室内旅行と言っている。ある人々は、夏になれば、軽井沢、日光へ出かけるが、私は貧民窟の暑い夏を、仕方がないから、室内旅行をして送る。それは、部屋のあちらこちらを、大磯、鎌倉、軽井沢に見立てて日に日に巡遊するのである。

使徒パウロは「足ることを知るは大なる富なり」と言った。

イエス・キリストは生涯を窮乏のうちに送って、最期にも、何一つもたなかったが、この意味から言って、磔柱に昇った彼は最大の成功者である。実際の成功とは「生命を嗣《つ》ぐ者」となることである。神の生活を楽しみ得る者が本当の成功者である。磔刑や、貧乏や、迫害や、そんなものが苦になるようでは、何一つ仕事は出来ない。この点において、維新の志士には偉い人が多かった。私は西郷隆盛が好きである。

今日は、孔子の教えもなく、古の道徳は死んでしまって、しかも、新しいモラルもない時代である。そして、喧《やかま》しく聞こえる声は、成功、成功という叫びである。月給三百円の文部省の留学生となることのみが成功ではない。田舎の村長さんになっても心懸け一つで、成功である。たとえ五反の畑でも、本当に耕す人は成功者である。私は貧民窟にいる一人の青年を知っている。その人は朝五時に起きて、六時まで勉強をして、日中は、琺瑯《ほうろう》焼きに出かける。夕方帰ると毎晩路傍説教をするのである。彼は少しも自分の時間をもたなかった。彼は四年間もかかる生活を続けたのであった。私は決して彼を失敗者だと考えない。

今日のキリスト教会はどうして力が足りないのか。我々はそのよって来るところを充分反省するのでなくてはならぬ。神戸の某労働者組合員は、本年の労働運動の際、着物をすっかり質入れしてそれを組合に献げ、まだそれでも足らないで、畳までたたき売る準備をして、ストライキをしたのであった。日本のキリスト信者が、本気になって自分の家の畳まで、宗教運動に入れこむ時が来たら、必ずキリスト教の教勢は一変するであろう。今日の教育は、労働組合だけの意気込みすらもっていない。

イエス・キリストは、すべてをその運動のために入れた。彼はある富裕な青年に言った、「汝の持てるものをみな売り払って来い」と（マルコ伝一〇章二一）。

もっとも、イエスは、大工としては成功者だったらしい、アポクリファ（聖書外典）でみると、イエスはヘロデの宮殿の玉座を造ったと伝えている。だから、もし、彼が宗教運動をやらなかったら、きっと、大分成金になっていたかも知れなかった。

しかしイエスは、いわゆる成功の道を選ばずして、貧乏と十字架の道を選んだのであった。そして、そこに彼は真の成功を遂げた。

もしあなたが今失敗をしておられるか。それはあなたにとってイエスに来る絶好の機会である。

私の知人某は、戦時に、貿易会社を創めたところ、四百万円から儲かったので有頂天になっていた。ところが、恐慌にあって、恐ろしく失敗したので十数カ所の支店も店を閉鎖せねばならぬようになり、神戸にも居れなくて他所へ移転したのであるが、その時私に逢って言うには、「賀川君、いい時が来た、これから教会へ出るよ」と。その後本気になって彼は教会へ出席している由である。あなたが今自分の生活において、何か失敗しているか、あるいは恋愛の問題で、あるいは経済の問題で。あなたにとって、いい機会である。

神は、今失敗のために失望しているあなたに、つけ目をもっておられる。もしも今、あなたがイエスに依って起ち上がるならば、その成功は充分失敗を償うて、幾百億倍するであろう。

自ら失敗の苦しみを熟知したイエスは、失敗に対して絶大の同情をもたれたのであった。

(6) イエスと失敗に対する同情

すべて労する者、重荷を負う者、われに来たれ、われ汝らを休ません。（マタイ伝一一章二八）

二　誘　惑

人間は動くパンか

誘惑は誰にでも来る。人間の精神生活と物質生活の両者に向かって誘惑がきっと来る。イエスは面白い誘惑についての経験を嘗《な》められた。

(1) イエスの誘惑（マタイ伝四章一～一一）

ウィリアム・サンデー（＊）は、「イエスのこの話は、彼の公生涯の中頃に話されたものである」としている。それはとにかく、この誘惑の性質を考えると面白い。

マタイ伝によると、誘惑の第一の問題は、パン問題であった。四十日四十夜断食したので、腹がグゥッと減った。それでパン問題ばかりが頭に浮かんだ。第二の問題は、高い塔の上から飛び降りようとする誘惑、第三の問題は悪魔が高い山の上から、平原と都会と、田園とをイエスに見せて、ちょっとでいいから悪の霊を礼拝するならば、これを皆与えようという誘惑であった。イエス・キリストは、これらに対しても少しも理屈を言わなかった。そして、ハッキリと自分の態度をもつことによって、見事にこれらの誘惑を退けられたのであった。

私達に向かって、生涯に一度は、きっと、パンパンパンという時代が来る。親の脛《すね》をかじった青年時代が過ぎて、——鴉の子が巣立ちを始めると——自分で自分の餌を探さねばならぬ日が来る。一本立ちになって、自分勝手に歩き出すと、そこに、パン問題が恐ろしい威力をもって私達を脅かす。生活の脅迫！　その時「この石をパンにしろ！」という誘惑が誰にでも臨むのである。そして、多くの人は、世界の幾億の人々たちは、ここでつかえてしまうのである。レーニンはここで止まっているのである。近頃、女の人の人格が成熟しないのは、夫に食わしてもらっているからである。だから婦人の人格を確立するには、先ず職業に就かなくてはならぬという説が盛んに論議せられる。そして、すべての方面において、パンの問題は我々に恐ろしい重圧を感ぜしめるのである。

ところがイエス・キリストは、「人はパンのみにて生くる者にあらず」と言われた。

そこで大きな議論が起こる。ある極端な唯物論者（フォイエルバッハ＊のごとき）は、「人は動くところのパンである」と言うのである。人間はパンを食って動くのだから、人間は動くところのパンであるとするのが彼らの主張である。歴史に対してこういう風の解釈を加えたのが、マルクスの唯物史観である。マルクスの説によれば、文明は、パンをつくる生産の形式に従って変わっていく。だから、先ずパンの問題を解決するならばすべてはそれに従って一変するのだという。これは真理でないことはない。「汝の宝のあるところに汝の心はあるべし」で、人間の心が堕落するとそこへ行くのである。

アンリー・ファーブル（＊）の研究によると、蜘蛛《くも》のある種類（タランチュラの子）は、ある時期に、餌を食わずに生きている。巣の傍らにいて太陽の光線を吸って六ヶ月の間も蜘蛛の子は、生きているのであるという。「パンのみにて生くる者にあらず」の一好適例である。

人間の身体にはどうしても常に、三十六度ないし三十七度の熱が要るので、パンの問題が喧しくなるのであるが、蛇のごときは、五度から九度位の熱を保てばいいので、そう食料を要しないのである。彼らは一度食べれば数日間は大丈夫なのである。

もし、毛穴から、太陽の光線を吸収して生きる工夫さえつけば、パン問題は容易に解決するのである。

人生のすべては、パンの問題で了《おわ》っていない。もし、パンだけで文明が出来上がると思うなら、それは大きな間違いである。パンをいくら積み重ねても人間は生まれて来ない。生命はパンの先にある。人の生命は、生命の本源から導かれたものである。だから生産の形式の上にすべての文明生活がついて回るのでなくして、生命の行動に、すべての社会生活はついて回るものである。人間は決して、「パンのみにて生くる」者ではない。我々はこのことを確認しなくてはならぬ。

青年は飛ぶ

イエスに対する第二の誘惑は、「汝、もし神の子ならば己が身を下に投げよ」ということであった。

青年は、飛びたがる。中学校三年生位になると、ジイッと勉強しているのが何だか馬鹿らしくなって来て、どこかへ飛び出したくなる。ルネ・バザン（＊）が『都会病』という小説を書いているが、田舎の青年は、「都会の方へ」飛び出ようとする。ゲーテの『ファウスト』の第二篇に、オイフォーリンという青年のことが出ている。これはゲーテが、バイロン（＊）をモデルにしたのだということであるが、この青年は、二本足の動物であることがつまらないで「飛びたい」と言う。母のヘレナが「飛んだら死ぬよ」

と言うけれどもなかなか聞かない。ついにファウストの許可を得て、飛び上がって死んだのである。

青年の時には、誰しも飛びたくなるものだ。昔、ギリシャのアアカヂアの岬から、サッフォという女詩人が失恋の結果、海へ飛び込んで死んだ。その以後、紀元前五世紀から、二世紀頃にかけて、その岬は投身の名所となって、幾百幾千の人がそこから飛び込んだのであった。クワッケンボスの文学史にそのことが面白く記してあるが、一度、この岬から飛ばぬと成功しないというので、投身が一種の呪《まじな》いのようになり、二世紀頃に大流行をしたとのことである。

それである人は、飛ぶのに工夫を凝らして、羽根の広い鳩を百羽も身体に括《くく》りつけて飛んだということである。

日本の青年も、青春の血の湧く頃は、盛んに飛ぶ。「ロシアを見よ！　ロシアは飛んでいるよ！」と青年は言う。進化論にもミューテーション・セオリー（突然変異説）がある。漸進的進化などというのは面倒臭い。労働組合なんかはどうも辛気臭い。それで、一足飛びにポンとすべてを飛び越そう考える。一夫一婦なんか古臭い。それで自由恋愛などといって、危なっかしい軽業を演ずるのである。そして、飛ぶ途中で神の使いが支えてくれるだろうなどと考えるのである。

イエス・キリストは「うまいこと行くよ、飛んでみたまえ」と誘われたが、「神を試みてはいけない」と明答してこの誘惑を退けられた。我々は、念の上にも念を入れなくてはならぬ。石橋を敲《たた》いて渡るだけの配慮が要る。神の子だといっても決して飛んではならない。

ある人々には、この忠告が要る。私の所へ、沢山手紙が来る。そして色々なことを訴えて来る。「私は学窓でコツコツやっているが馬鹿らしくて堪えられない。それで大に煩悶苦痛をしている、貧民窟へ置いてくれないか」などという手紙が、しばしば来る。しかし私達は、現在の立場から無暗に飛んではならない。飛ばなくてやる工夫をつけなくてはならぬ。

妥協な き生活

イエスに対する誘惑の最後の問題は、悪の勢力に対する屈服に関してであった。誰しも高い塔の上から、ズゥッと虚栄の都を見せられると、悪に向かって降参したくなる。砂利を食ったり、印紙をごまかしたりしても、何百万円も儲けて、成功するではないか。堕落したって、相当にやって行けるではないかと多くの人は考える。そして誘惑にかかるのである。ちょっと、悪魔に降参するならば、世渡りは困難ではない。しかし、鼠小僧の一日の収入は平均五十七銭であったというから、泥棒しないで、労働するほうが収入がいいわけである。しかし、多くの人はちょっと悪の方に降参するならば、うまいこと行くと考えて堕落の道を進むのである。あるいはまた、正義に従わないで暴力によって成功を計る人がある。

ナザレのイエスが、メシア（救い手）を考えたとき、この問題が彼に迫った。

カール・リープクネヒト（＊）の言葉のごとく、私達は、ノー・コンプロマイズ No Compromise（妥協無し）を旨とするのでなくてはならぬ。悪に向かっては、どんな窮境に立っても、ノー・コンプロマイズ！ この覚悟が要る。妥協して一時成功したとしてもその生活は必ず失敗に了《おわ》るであろう。我々に悪に対して、理屈を言う必要はない。イエスに倣《なら》って、「悪魔よ、退け！」と断然と拒否をすればいい。たとい、悪と妥協すれば高給の就職口が目の前に置かれる時でも、決して、我々はイエスの弟子として妥協をしてはいけない。

(2) 誘惑と悪魔……………………………（ルカ伝四章三、一二章三一）

サタンよ、退け…………………………（マタイ伝四章一〇、一六章二三）

(3) 誘惑に対するイエスの同情

汝のために、その信仰が失せぬように祈りたり……（ルカ伝二二章三二）

(4) 誘惑と祈り

誘惑に遭わせず、悪より救い出だしたまえ…………（マタイ伝六章一三）

私達は、どんな場合にも誘惑に負けてはならない。イエスに寄り添って、「試みに遭わせず悪より救いたまえ」と祈りつつ、ノー・コンプロマイズの生活を送るものでなくてはならぬ。

三　躓《つまず》きとあとずさり

躓きに対するイエスの思慮

誘惑は外側から来るのであるが、躓きは、こちらから歩くうちに不意に思わない時に我々に臨むものである。イエス・キリストは躓きに対して無限の同情をもたれた。ペテロもしばしば躓いた。そのためにイエスは祈られた。迫害が来るとき、多くの人が躓く。イエスは、迫害を予感して、「我これらの事を語りたるは、汝らの躓かざらんためなり」（ヨハネ伝一六章一）と警告せられた。享楽主義の文学がはやる。すると多くの人々がそれに巻き込まれて躓く。あるいは、音楽会やカフェーを漁《あさ》り歩いたり、間違った所へ行かぬと気のすまぬ人がある。イエスは、人の躓きに対して大きな慮《おもんぱか》りをもって祈られた。イエスの祈り、殊に「天にいます我らの父よ……試みには遇《あ》わせず、悪より救い出したまえ」というのは、実に意味の深い祈りであると思う。

ある人が、売笑婦の研究をした。そして十六人目まではよかったが、十七人目に、ミイラ取りがミイラになってしまった。「試みに遇わせず、悪より救い出したまえ」この祈りは青年諸君にとって特に必要である。

(1) 躓き来たる

この世は躓きあるによりて禍害《わざわい》なるかな。躓きは必ず来たらん、されど躓きを来たらする人は禍害なるかな。(マタイ伝一八章七、ルカ伝二二章三一)

(2) 躓かされる人

シモン、シモン、見よ、サタン汝らを麦のごとく篩《ふる》わんとて請《こ》い得たり。(ルカ伝二二章三一)

(3) 躓かすもの

我を信ずるこの小き者の一人を躓かする者は、むしろ大いなる碾臼《ひき》を頸《くび》に懸けられ、海の深みに沈められんかた益なり。(マタイ伝一八章六)

(4) ペテロの躓き

波の上(マタイ伝一四章三一)
十字架(マタイ伝一六章二三)
三次の拒み(マタイ伝二六章七五)

(5) キリストと躓き（イエスの思慮）

おおよそ我に躓かぬ者は幸福《さいわい》なり。（マタイ伝一一章六）

(6) 迫害と躓き

ついに人々彼に躓けり。（マタイ伝一三章五七）

(7) イエスの躓きに対する思慮

これらの事をなすは、父と我とを知らぬ故なり。（ヨハネ伝一六章三）

もし、今躓いているならば、惑いのうちにあるならば、その人は、即刻に、そこから脱して、真っ直ぐに神の道に立ち帰らなくてはならぬ。

第二節　精神的堕落

一　罪の本質

生命と我と神との立場から

人間には、事業とか生涯とかの失敗の外に、罪という失敗がある。世の中には、心の中の罪を自覚しない人がある。しかしながらそれは、その人の心に高い標準がないからである。私は、ここに罪の本質について、十だけを挙げた。

(1) 不　法

もし生命に入らんと思わば戒命《いましめ》を守れ。……殺すなかれ、姦淫するなかれ、盗むなかれ、偽証を立つるなかれ、父と母を敬え、また己のごとく汝の隣を愛すべし。(マタイ伝一九章一七～一九)

(2) 不完成

汝らの天の父の全きがごとく、汝らも全かれ。(マタイ伝五章四八)

(3) 不徹底(表面的)

汝らは肉によりて審《さば》く、我は誰をも審かず。(ヨハネ伝八章一五)

(4) 不敬虔

ある町に神を畏れず、人を顧みぬ裁判人あり。(ルカ伝一八章二)

(5) 不　信

彼を信ずる者は審かれず、信ぜぬ者はすでに審かれたり。神の独子《ひとりご》の名を信ぜざり

しが故なり。(ヨハネ伝三章一八)

(6) 不従順

葡萄園の農夫の譬え(マタイ伝二一章三三)

(7) 不　遜

幸福《さいわい》なるかな、心の貧しき者。(マタイ伝五章三)

(8) 病　気

ただ病める者医者を要す(マタイ伝九章一二)

(9) 迷　い

迷羊、失われし金子、放蕩息子の譬え(ルカ伝一五章)

(10) 愛の不足

愛なき教法師(律法学者)(ルカ伝一〇章二五)

ただ、汝らのうちに神を愛することなきを知る。(ヨハネ伝五章四一)

ある人は、「教会はじきに、罪々と言う、教会はケチだ。いつでも懺悔《ざんげ》していねばならぬ」と言って、キリスト教を厭うのであるが、もしも我々が生命の道において、岐路に立ち入って、ウロウロして迷うているならば、それは罪の生活であるからして、その迷いの回転生活から、速やかに神の方に立ち帰らなければならぬのである。あるいは、もし我々の生命が伸びないで、退化の現状におるならば、それは罪である。無目的に彷徨しているのも罪であれば、自分に徹底せぬのも罪である。また悩める魂を抱いていることも罪である。したがって全然、完成の道に向かっていない者は罪人である。

生命の側から考えて、迷いと、病気と、不完成は罪である。我の方面から考えて、愛の不足、不法、不徹底は罪である。さらに、神の立場から見て、不敬虔、不従順、不遜不信は罪である。

ある人は、二十世紀の宗教は、そうそう罪なんかを喧《やかま》しく言わないでもよいではないかと言うのであるが、しかし、生の直流を考え、神のこと、自分の使命を真面目に考えるならば、罪の本質は明らかになると思う。

例えば、コカインや阿片を呑むことは生理的法則を守らぬことであるからして、それは不法——罪である。そのごとく社会法を犯せば、もちろん罪である。

ホイットフィールド（＊）が、ある時、馬車の上に立ち上がって路傍説教をしていた。その時一人の伯爵が大きな洋傘を指してそこへ来かかった。それを見てホイットフィールドは「視よ！　今悪魔の競売が始まった。あの人は美服で競《せ》り落とされている」と叫んだのであった。ある女の人は、笄《かんざし》一つ半襟《えり》一つで競り落とされるのである。

カーライル（＊）の『フランス革命史』について書いたものの中に、「首輪」と題する一つの小説的な挿話がある。それは、ルイ十六世の皇后、マリ・アントワネットが、千数百万円の首輪が欲しいばかりに、オーストリアへ国を売ろうとした。そのことが議会にばれて、彼女の首が飛んだという物語である。マリ・アントワネットは首輪一つのために、大それた罪に落ち入ろうとしたのであった。罪が自分に無いというのは、それは自己批判の仕方が好い加減であるからである。

融通変通の世界

イエスは「天の父の完全」を我々の理想として指された。もし我々が、百尺（＊）の所まで行くはずのものが、三十尺の所で止まっているならば、それは、それだけの罪をつくっているのである。一国の王となるべき人が、村長で止まっているならば、王マイナス村長だけの価値を失っているわけである。

イエス・キリストは実に大きな事を言われたものである。もし全智の神が、私のお父様であるなら、そして、「天の父の完全」が私の目指すべき標準であるならば、なかなかボンヤリしておられない。わたしは、自然科学のすべてに通じなければならぬ。

私は、キリスト教信者になるまで、自然に対して恐怖を懐いていた。水戸光圀《みつくに》は、少年時代に仕置場から生首を引っ張って来たというが、私は到底そんな元気がなかった。その頃の私にとっては、自然はなにかしら恐《こわ》いものであった。

ギリシャの古代神話にもやはり、この自然に対する恐怖が表現されている。世界においてもキリスト教文学の外は、大抵、自然を恐怖の相に描いている。ところが、私はイエス・キリストの弟子となった。そして、山上の垂訓をとり入れて以来、自然は私にとって非常に親しむべきものとなった。山を仰いでも、顕微鏡を覗いても、どこにでも私は神を見るのである。私には一坪の庭もないが、少しもクヨクヨせぬ。

ある人は、子供が白墨《チョーク》で境を仕切るように大きな塀垣を巡らし庭園を造る。神戸のある成金は、わざわざ庭園の置石にするため、鞍馬山から一つ一万円もする石を持ってきて誇っている。私は、金持ちが、コセコセした技巧を加えた庭園を人に見せびらかして、「これは遠州流の庭園です」などと威張っていても、別に欲しいとも思わない。五銭出して電車に乗って走れば、大きな大きな天のお父さんの庭園を充分に観照出来るから。六甲山も摩耶《まや》山もほしいままに私の目の中にはいって来る。「どうも大きな塀を築いて、広い面積を独占するとは怪しからぬブルジョアだ」と言って怒る人もあるが、僕が持つ代わりに彼が持っているのだと思えば、少しも腹は立たぬ。私はそう思っている。人が意気揚々と自動車を駆けらしていたって何も癇癪《かんしゃく》玉を破裂させる必要もない。「僕の兄弟が乗っているのだ、まあ乗らしておけ」という心をもてば、別に羨ましくもならぬ。人がエラそうな生活をしていたところで、あれは、私共がさせてあげているのだと考えればいい。私は色々な関係から、よく金持ちの家に行くことがある。しかし、どんな大庭園を見せられても少しも驚かない。「我父の家には住居多し」……僕の天の父の御殿は広いからと思えば、どんな窮地にいてもクヨクヨせぬ。天の父の庭は金持ちの庭より広い。

「憂うる者の如くなれども常に喜び、貧しき者の如くなれども多くの人を富ませ、何も有たぬ者の如くなれども凡ての物を有てり」（コリント後書六章一〇）というパウロの世界、融通変通、千手観音以上の世界を楽しむ者は、どんな事に出逢ったって、少しもへこたれぬ。もし私達が、この融通の生活を握らないで途中で停止しているならば、それは非常な損害である。

自然が初めて芸術に帰ってきたのは――ギリシャの古代にわずかあったことを除いては――ワズワース（＊）以来である。古代の芸術には自然がなかった。あっても極めて漠然たるものであった。自然が好愛すべきもの Lovable として芸術に帰ってきたのは、神を愛したワズワース以後である。神を愛するとき、初めて自然が好愛すべきものとして我々に写ってくる。神と人間と融和するとき、人間と自然とが初めて融和出来るのである。神を愛する生活、完全人 Finished man の生活を送る者にとっては、病気であろうが、迫害されようが、牢獄に入れられようが、すべてが、癪に触らぬことおびただしい。それは、自然に対しての全部の支配権を握る生活であるからである。パウロは「イエス・キリストのようないい方と共に神は、それに御添物として、万物を必ず下さる」と言った（ロマ書八章三二）。山でも、川でも、星でも――地球に一番近いというセンタウリ星座も俺《おれ》のもの、オリオンも俺のもの、北極星も俺のものである。そうなると共産主義よりか大分進んでいる。私はこれを「神産主義」と呼んでいる。これは随分危険な思想だが、実際の価値の世界からいうと、我々は宇宙全体の所有者にならぬといけない。株券の一枚位の所有を争うていてはならぬ。神と宇宙との所有を考える。そこに初めての文化の源泉が湧くのである。

私の友人に、地球が面倒臭いというので、毎夜毎夜天文台に立て籠もって星を自分の所有に移している天文学者がある。もし、神と宇宙とを所有する気がないのなら、天文学の研究は止した方がいい。ハーシェル（＊）は「天文鏡を覗《のぞ》いても神を発見しないものは人間ではない」と言ったが、実際、本当の研究心は宗教的感情熱に根ざさずして起こるものではない。宗教的衝動なくして、決して真正の科学はありえない。それで、自然は、神を知る私にとっては一つの読本である。

米国が英国と別れた頃、エール大学の教授中にただ三人位しかキリスト教信者がなかった。それは、モンテスキューやその他フランス的の思想が米国の学界にはいり込んだ時代のことである。今日では、大学教授中の四割まで、キリスト教信者が増えたそうである。プリストン大学の古物学の教授スコット（この人は有名なオスボルンの同期生であるが）は長老教会の執事である。また、「骨骼の進化」の研究で有名なフォー教授は、ビリー・サンデーの運動の時、悔改してキリスト教信者となった。

それに日本の国では、科学者は一概にキリスト教を軽視して迷信だと言うのである。しかし、私共は、真の生命の完成の何であるかを知っている。生命の完成を知らない人は未だ罪のうちにある人だと私共は呼ぶのである。それで、誰であろうと生命の不完成のうちに回転している人は、もう一度、急角度で、神の方へ帰る必要がある。今日の時代に最も欠けているのは、パイエチー（敬虔 piety）であると思う。

生活のすべての部分にわたって、私達は敬虔であることを要求する。

Be Pious!　敬虔なれ！

これが人間にとって、最も本然的な態度である。私は私の中に湧かせたまう神の恵みに感謝して、あくまでも敬虔でありたい。

罪に対する無自覚性

したがって、我々にはお互いに罪を赦すことを学ばねばならぬ。元来、我々の人格は未だ決して完成したものではない。「人間の人格が完成していると思ったら間違いである。人間の人格は未だ完成しきっていない。真の人格の完成は神であると「私にある高等学校の学生が（ロッツェ＊）。「私には人格の神は分かりません」と言って来たことがあるが、完成していない人格、まだひびの入っている人格の人に、人格的の神は分からない。神は完成した人格であるから、我々がブロークン・パーソンである間は、ボンヤリしか分からないが、人格の完成さに従って神はより明らかに示現するのである。

我々の人格は、極めて不完全である。それで半分の人格しかもたぬ者は、他の半分を集めたらいい。人間に男女があるのもそのためである。お互いに人格が足らぬ。一人で居ると、完成出来ない。一人ですべてをやろうとしたってそれは不可能である。我々は自分にも欠点のあることを知って、相互に赦し合いをせぬといけない。モーセは一人で司法も行政もやろうとして神経衰弱に罹った。それでエテロ（＊）が見兼ねて、分権を勧めたのであった。今日、レーニンがロシアを持て余しているのもこのためである。私も、あなたも足らぬのだから、お互いにいい所だけを補い合っていくようにしなくれはならない。

しかし、多くの人々は、他人の好い所に目を着けないで、悪い所だけを探って、「けれども彼奴にはこんな欠点がある」と言って悪口を吐くのである。日本の国では、それで、「けれども」という言葉がよく使われる。アメリカの大学では、決して、アラ探しをして悪口を言わぬ。誰かのことを聞くと、よく「彼はGood Fellowだ」と答えられる。日本の国の批評家は、悪口を言うことが批評だと思っている。ある人は、教会の悪口を盛んに言う。しかし私共は、いつでも、いいほうを見ていきたい。パウロは「かかる人を尊ぶべし」（ピリピ書二章二九）と言って、しばしば人を賞めている。

我々は常に、罪の赦し合いをするのでなくてはならぬ。これが人格の完成する最も好い道である。

人間の欠点と相互の罪の赦し

人を赦す話（マタイ伝一八章二三）

幾度赦すか（マタイ伝一八章二一、ルカ伝一七章四）

人を赦さぬ人（マタイ伝一二章三一）

全人類の堕落

汝らも悔改めずば、皆おなじく亡ぶべし。（ルカ伝一三章三）

マタイ伝の一八章二二節以下には、人を赦さない人は、最後の審判で赦されぬという譬話が記されている。

イエスは「すべての人は悔改めなければ皆亡される」と全人類の堕落に対して、警告をせられた。最初の人が精神生活において失敗してから、人類全体の歴史の方向が曲んで、世代から世代へとその迷いが深くなったのだ。しかし、お互いの間だけで比べ合っていると堕落していることが分からない。側《わき》から見るとそれが分かる。

シカゴの博物館（＊）へ行くと、恐ろしい長頭の人間の骨が並べてある。どうして、こんなに長頭になったのかというのに、それは、子供の時に板を頭の両側に挟んで頭を上の方へ伸びるようにさせたためである。そんな変なことがある時代の土人の習慣であったのだということである。今日の資本主義の文明も随分変な文明である。何でも人のものを搾取して、そして、金を多く持つことのみを計るのであるが、これは後世の進んだ時代から見れば、長頭の部類に属する文明であるかも知れぬ。

そういう風に、ある時代が全部迷路に彷徨する時がある。それで、そういう時に、もし、神自身の示現が無いならば、我々の生命の方向と、罪の自覚ははっきりして来ない。我々は、かかる時代に至純な人格を目の前に凝視してその模倣をすることを要する。聖書を読まぬ時代は、いつも堕落している。中世紀に、キリスト教会が堕落した時には、聖書を読む人間は危険視されたものである。しかし、聖書を新しく読み直したウィクリフ、フス、サボナローラ、ルーテル、カルヴィンによって、宗教革命は起こされたのであった。

聖書が、我々の社会に普及せられ、人々がイエスの人格を、人類のうち迷わざる一人として、神の示現として凝視し始めるとき、必ずその時代は甦ってくる。「キリストの模倣」によって、我々の生活方法が、もう一度正しい軌道へ帰ってくる。我々が救われねばならぬというのは、このことを指すのである。イエスという標準を見ていぬから、私達に、自分の堕落の現状がわからないのである。俺は気狂《きちが》いでないと言う人ほど、気狂いである。気狂いとは自分で自分の状態を意識しない人のことである。狂人は正気に帰るまでは、はっきり自分を意識することが出来ない。ところが、今日、多くの人々は、自分がどれほど神から外《そ》れているかを気付かないで、正しいつもりでいるのである。罪に対して恐ろしいまでに無自覚性になっているのが今日の人間の現状である。

ゴロツキがよく、「俺の金で俺がバクチするのに何が悪い」と言う。自分の国の金で戦争するのに何の不都合があるか、とある人は言うであろう。人類は今日、罪の自覚を失うほど、さように深く迷ってしまったのである。しかし、発狂状態が癒えてくると、瞬間瞬間に、自覚が帰ってくる。猛烈な勢いであばれ込んで来たゴロツキも、酔いが醒《さ》めて正気になってくると、「どうも悪いことをしていました」と言って詫び始める。自己批判の鋭い、ルソーや、トルストイは実に正直であった。今日、「俺は迷っていない」と言って傲《ごう》然としている人よりも、素直に、神とキリストとに帰る人のほうがどれだけ正直であるか知れない。

ボードレール（＊）は「悪の華」の中に

　酒、女、なんでもいい

　あるいはVirtue（徳）であろうが——

　　俺の悩める心を酔わしてくれるなら

と言っている。ところが、日本のデカダン（＊）たちは、「酒、女、コカイン、何でもいい、俺の悩める心を酔わしてくれるなら」と言うのである。そして、Virtue《ヴァーチュー》（徳）だけは抜かすのである。しかしヴァーチューに酔うことを求めたフランスのデカダンは最後に全部カトリックへ入って行ったが、日本の頽廃詩人らは、ただ、低級な享楽を追求することを知るのみで、全人類の目覚めていく心持ちから離れているのである。

　こうした風に迷っているものをもう一度、引き上げてくれる力は何であろうかを考えると、我々はそこに宇宙における贖罪の力に思い及ばざるを得ないのである。

二　罪に対する防御

ところがある人々は、贖罪の力などを今日言うことは時代錯誤だと言うのである。しかし、実際は、贖罪宗教を信ぜぬ人は、まだ大分発狂状態にある人であると言わねばならぬ。自分はかほどまでの罪あるにかかわらず、神はかくしてくれるという、そこは贖罪の力が働きかけて来るのである。

イエスの新約の血

どの宗教を調べても、贖罪宗教へ来るまでには、種々の段階を通っている。即ち、山、川、太陽、その他の自然物を崇拝する自然宗教から、氏神を祭祀する社会宗教に進化し、さらに、神がかりや、予言者が現れて、心理宗教に移って来ているのである。もっとも心理宗教が道徳的に発達してこないと、人格が分裂して、今日、日本でよく流行するような妙な宗教になる恐れがある。心理宗教から、さらに進んだものが贖罪宗教である。

もっとも救済宗教の域まで来ているもののうちにも、功利的なものもあるが、イエス・キリストの確立した贖罪宗教は、宇宙悪に対する神の大なる煩悶と、イエスの十字架の苦悩を通じて、迷える人類をもう一度、回復しようとする神の努力――神のおなさけがある。それをイエス・キリストが如実に経験したのである。そこに、我々が、贖罪の力を求めるというのである。

これは、自然宗教で止まっていると分からない領域である。イエスは「汝の罪赦されたり、立ちて歩め！」と言われた。我々は、どうしてもここまで来ぬといけない。イエス・

キリストはまた自分の死を指して、「これは契約のわが血なり、多くの人のために、罪の赦しを得させんとて、流す所のものなり」（マタイ伝二六章二八）と言われた。その意味は、「自分の流すところの血は、新しき約束に入るしるしである。それは人類自らの約束でなくして、神が人類を救おうという新しい約束に入るしるしだ。この十字架は、だから多くの人の罪を赦すための苦しみだ」ということである。ある人はイエスの死を悪魔に対する罰金、あるいは神との仲直りであるとするが、私は、その意味を心理的人格的にとる者である。贖罪の本当の深い意味は、イエスが、全人類の罪の失敗を、神の前にすまぬこととして、全部引き受けてあやまってくれたどいうことである。我々はそのイエスの苦悩――ゲッセマネから十字架まで――のうちに、万代不易の恵みを発見する者である。これほど大なる愛がイエスの中に表れたのを見て、我々はこの恵みにより縋《すが》って、古傷を癒やされざるを得ないのである。

イエスの罪に対する同情

往け、この後ふたたび罪を犯すな。（ヨハネ伝八章一一）
なんじの罪ゆるされたり。（ルカ伝五章二三）
十字架の贖い（マタイ伝二六章二八）

失敗に対するイエスの同情

シェイクスピアに『ヘンリー八世』という戯曲がある。ヘンリー八世は妻君を六人も換えたのであるが、この不義な王の離婚状に対して、サインをしたのは、トマス・クラマー（＊）という男であった。彼は後にそれを痛悔して、「私はこの手で王の不義を幇助《ほうじょ》したのだ。この手で王が好きな女を娶《めと》るための、法王に向かっての教会独立宣言に署名したのだ。ああ、この手で、もう少し神に対していいことをしたのであったら、どれだけ私は恵まれていることであったろう」と嘆いたのであった。クラマーは焚殺される時に、ついに「この手よ、王を堕落せしめたこの手よ、真っ先に焼けよ」と言いながら、まず手を焼き捨て、それから全身を火の中に投げ入れて死んだのであった。我らはかく罪に対して防御せねばならぬ。

私は罪に対する防御としてここに五つのことを挙げる。

(1) 信仰（マタイ伝一七章二〇、六章三〇）

(2) 切り捨て（マタイ伝五章三〇）

(3) 祈り――誘惑に入らぬように祈れ（ルカ伝二二章四六）

(4) 救い（ヨハネ伝三章七～八）

イエスは、「もし右の手なんじを躓かせば、切りて棄てよ、五体の一つ亡びて、全身地獄《ゲヘナ》に往かぬは益なり」と言われたが、水野某という博奕《ばくち》打ちは、悔い改めてキリスト信者になったとき、この手があると、どうしても罪から逃れられぬと言って、掌だけ残して鉈でもって、自分の指を切り捨てた。しかし、我々が、切り捨てねばならぬのは、手足でなくて心である。神に帰るためには、ある部分を切り捨てなくてはならぬ。オリゲン（＊）は罪に落ち入るのを恐れて去勢した。我々は、心の去勢をする必要がある。またそれとともに、惑いに入らぬように祈らねばならぬ。

イエス・キリストの罪人に対する同情は絶大である。イエスは、罪に悩む者には、「往け、ふたたび罪を犯すな」と言って、罪を赦されるのであった。出獄した人は、色々心の古傷をもっている。それで、過去の罪を出来るだけ忘れさせるようにせねばならない。神は、あなたの過去の罪をイエスによって赦し、あなたのうなだれた魂を慰めてくださるのだから、もはや失望しないで、勇ましく立ち上がるのでなくてはならぬ。たとえ今までの失敗がどんなであろうとも、あなたは絶望する必要は少しもない。いつまでもいつまでも罪の悲しみに悶えるのでなくして、イエスによって贖罪を経験するのでなくてはならぬ。イエスと神とは、永久に、あなたの友である。「汝の罪赦されたり」――あなたは充分もう一度立ち上がることが出来る。

ある時、一人の現行犯の婦人が、群衆に掴まって、イエスの下へ連れて来られた。「先生この女は姦淫をしているとき、そのままに押さえられたのです、石で殺してもいいでしょう」と言って、イエスの意見を伺った。イエスは「なんじらのうち、罪なき者まず石を擲《なげう》て」と答えられた。彼らは、良心に責められて皆去った。イエスは女に向かって、「女よ、お前の罪を定める者はいないのか」……「われも汝の罪を定めない、往きて再び罪を犯すな」と言って、その女を赦された。（ヨハネ伝八章一〜一一）

私はしばしば、そういう立場に出会わす。そしてその度に、いつでも、イエス・キリストの恵みと、十字架を思い出すのである。

イエスは、かくして人間の失敗のすべてに対して同情があった。物質的失敗に対しては「疲れたる者よ、我に来れ、我汝を休ません」と言われ、誘惑に対しては、「誘惑にかからぬよう祈れ」と言われ、躓きに対しも思慮を与えられた。精神的堕落に対しては、批評的立場をとらずして、これを救うために来たれり、と言われた。そして、人間は、この不完全な世界に棲息《せいそく》しているのだから、相互に相赦すべきを道徳の一つとして考えられたのであった。

第三章　イエスの祈祷の心理

ついに出でて、常のごとくオリブ山に往きたまえば、弟子たちも従う。そこに至りて彼らに言いたもう。「誘惑《まどわし》に入らぬように祈れ」。かくて自らは石の投げらるる程彼らより隔たり、跪《ひざまず》きて祈り言いたもう、「父よ、御旨ならば、この酒杯《さかづき》を我より取り去りたまえ、されど我が意《こころ》にあらずして、御意《みこころ》の成らんことを願う」

イエス悲しみ迫り、いよいよ切に祈りたまえば、汗は地上に落つる血の雫《しずく》のごとし。

――ルカ伝二二章三九～四四――

第三章　イエスの祈祷の心理

序　節

イエス・キリストはよく祈られた。強い人間であるならば、そう祈らなくてもいいと考える人もある。が、イエスは実によく祈った人であった。第一章において述べしごとく心理の上から世界の宗教を分類すると、(1)瞑想宗教と(2)祈祷宗教の二つになるのであるが、キリスト教はこの後者に属するものである。歴史あって以来、恐らくキリスト信者くらいよく祈る者は他に無かろう。ある人は祈りは迷信であると言う。それで私は、イエスの祈祷の心理を研究して、祈祷宗教はいかなる立場にあるか、そしてまた、はたして祈りは迷信であるかどうかを調べてみたい。

新約聖書中に、イエス・キリストの伝記が四つ——即ちマタイ伝、マルコ伝、ルカ伝、ヨハネ伝――ある。が、各々独特の立場からイエスの生涯を描いているのである。物を見るのに目が一つでも結構なはずであるが、それでは立体的に見ることが出来ない。イエス・キリストを見るのに、四つの違った角度から見ることの出来ることは幸いである。ルカというのは、ギリシャの医者であった。プラトン、アリストオトル・ファイアデスのごとき、学者芸術家の輩出したギリシャの教養をもった人で、ギリシャ語の規則正しい文典に依って、イエスの伝記を書いたのである。ルカは、イエスの祈りしことをもっともよく書いている。

マルコはローマ人（＊）、マタイはユダヤ人であって、各々特異の調子を示している。ヨハネは小アジア地方神秘的空気に触れた人で、前三者とは余程異なった角度からイエス伝を書いたのである。別表の示すとおり、イエスは、公生涯のそもそもから、その生涯の終わりに至る間に、少なくとも二十三回祈っておられる。そしてこの記録されているイエスの祈りの約四分の三（十六回まで）はルカが伝えているのである。

第一節　イエスの祈祷

祈祷は直感的なり

イエスはその公生涯のそもそも始まりの日、その宗教運動の第一歩において「祈れる時」「天開け」と書いてあるが、祈らなくては天は開けて来ない、我々の宗教経験は、祈りのうちに最もよく味われるものである。イエスの経験においては祈りと瞑想とが常に一つになっていた（ルカ伝三章二一）。

イエスは常に人なき所で祈った。これはイエスの一つの癖であったらしい。イエスが淋しいところで、何か用事をしておられると思っていると、そうでなくてお祈りをしておられるのであった。ある人は、大勢の者と騒いでいる間はいいが病気にでもなって、一人病室へでも入られるとなると、無暗に淋しがって直ちにヒステリーになるのである。しかしイエスは一人でいても、少しも淋しがらずに、祈られるのが常であった。私達の最も強い時は祈りの時である。最も強い力は祈りのうちに湧き上がるものである。

イエスが祈祷に対する態度の真摯《しんし》なることは、彼が常に祈ったことをもって知悉《ちしつ》することが出来る。彼はすべてのことについて、またすべてのことに祈った。事々に祈った。実例は次のとおりである。

ルカ伝	マルコ伝	マタイ伝	ヨハネ伝
1 バプテスマの時天より声あり（三・二一）			
2 人なき所にて、祈りたまいき（五・一六）			
3 山にて終夜祈る（六・一二）			
4 パンと魚とを取り天を仰ぎ祈る（九・一六）	……………………	×日暮れたるとき五千人を養う（一四・一九）	×パンを取りて祈る（六・一一）
5 人より隠れて祈る、己は誰なのかを弟子に問う（九・一八）			
6 ……………………	×祈りのため山へ行く（六・四六）		
7 ……………………	……………………	×四千人を養う祈り（一五・三六）	
8 変貌、祈りせんとて山に登る（九・二八）	…………×（九・二）	…………×（一七・一）	
9 喜びて祈る、七十人の帰りし後（一〇・二一）	……………………	…………×（一一・二五）	
10 幼児のために（一八・一五）	…………×（一〇・一六）	…………×（一九・一三）	

11 祈る時はかく祈るべし（一一・一）			
12 ……	……	……	×ラザロ甦るとき天を仰ぎて祈る（一一・四一）
13 ……	……	……	×天よりの声（一二・二七）
14 ……	……	……	×慰むる者を送らん（一四・一六）
15 杯を取り謝して祈る（二二・一七）	……×（一四・二三）	×汝ら皆この杯より飲め（二六・二七）	
16 ……	……	……	×聖餐の後（一七・一）
17 弟子の信仰のために祈る（二二・三二）			
18 みこころならば杯を取り離り給え（二二・四二）	……×（一四・三二）	×三度祈れり（二六、四二〜四四）	
19 ……	×エロイ、エロイ、ラマ、サバクタニ（一五・三四）	×エリ、エリ、ラマ、サバクタニ（二七・四六）	
20 父よ、彼らを赦したまえ（二三・三四）			
21 父よ、我が霊を託す（二三・四六）			
22 エマオにて復活後に祈る（二四・三〇）			
23 彼らを祝して昇天す（二四・五〇〜五一）			

私はイエスが、「人なき所」で祈られたことを思うとき、いつも思い出す一人の米国婦人――その人は日本へ最初の宣教師として渡米されたブラウン博士（＊）の母――がある。ブラウン夫人は、賛美歌の作者として有名であるが、殊に夫人の作のうちで……

わずらわしき世を
しばしのがれ
たそがれ静かに
一人いのらん……

という歌は米国での名曲となっている。

夫人は、大層貧乏なペンキ屋の主婦であってそれに沢山の子供たちをかかえていたが、詩才の豊かな人であった。一日の家事を了《おえ》てのある夕べ、ただ一人、自宅付近の静かな小路を来往しつつ作ったのが、右の賛美歌である。そして、その後、この歌は多くの人に愛唱せられるようになったのである。

西洋には、色々の lane（小路）があって、それらのあるものには名がついている。私たちに往きつ戻りつつ、静かに祈り、静かに思う「祈りの小路」があるならば幸いである。

アブラハム・リンカーンは、奴隷解放の大戦中の一晩、ゲッチスバークの墓地のベンチによりかかって奴隷解放の宣言の祈りをした。その時の彼の祈りは、ゲッチスバークの祈りといって米国の歴史的の祈りとなっている。私たちもこの、人を離れて祈る癖をもちたいと思う。

私は、哲学的に祈らない。祈りというものは元来、直覚的、本能的のものである。私は小さい時には、義理のお母さんに教えられて、三日月に祈りをしたものであった。また書が上手になるようにと天神様に祈ったこともあった。進化論で有名なチャールズ・ダーウインが七歳の時、自分の飼い犬が病気になったというので、その平癒を祈ったのであるが、ダーウインも小さい時は無神的進化論者でなかったのである。イエス・キリストがそうであった。彼は理屈でなくして、祈り即ち、神に頼る一つの力を、はっきり信じておられた。

イエス・キリストの伝道の生涯の一つの危機は、十二の弟子を選び出して、これから大きな伝道をなさろうという時であった。それは十二の弟子を選ぶ前の晩のことであった。イエスは、「祈らんとて山に行き、神に祈りつつ夜を明かしたもう」たのであった（ルカ六章一二）。

イエスはよほど、体格が頑丈であったと見える。よほどの健康体でないと、力を入れて祈ることなどはむずかしい。実際、力を入れて祈ると私たちは痩《や》せるのである。そして心が内から注ぎ出づるように感ずるものである。

高島という人は、明石にベテスダ館というのを建てて、六〇〇人からの肺病患者を祈って癒やした方である。高島氏自身は肺病でついに亡くなったのであったが、その死は、勝利のような最期であった。いかにも天国へ帰るように、父のもとへ昇られたのであった。

ある人は、夜明かしの祈りなどは——と疑うのであるが、歴史的の回転が真剣になって来ると、ゆっくり寝たくても眠っておられなくなるものである。イエスにとっては十二弟子を選ぶ前夜は——歴史的の危機に面したわけであったので、自ずから終夜の祈りとなったのである。私たちにおいても、いよいよ歴史的事件の危機に際した場合には、この夜通しの祈りが出てくるのである。

イエスが懸命に祈っていたとき、弟子たちはうとうとと居眠りを始め、目をさましたかと思うとまた眠りに落ちたという記事が、聖書にある（ルカ伝二二章四五）。実際弱くては祈りが充分に出来かねるものである。「イエスが夜通し」祈られたというのは、彼が健康であったことと、また真剣であったことを示す一例である。

小人閑居すれば不善をなす——という。女の人は、独りぼっちになると、メランコリアにあるのであるが、そういう人は、「人々の居らない時」に祈るのを常としたイエスに学ぶところがなくてはならない。

イエスがパンと魚をとり天を仰ぎて祝し、割きて弟子たちに渡し、群衆に与えたところ五千人が食して皆飽いたという。食事の時、感謝するのはイエスの癖であった。

パンの問題の宗教化

今日でも、禅宗の寺には、食事が宗教生活の一部に加えられているが、一般の日本人の食事というものは実に無趣味、殺風景なものである。そこには、ほとんど祈りの分子がないのである。日本人の古い習慣はそうでもなかったのであるが、今日の多くの人々の食卓は、宗教的でないのはもちろん、ただめしを急がしく、かきこむだけで……少なくも芸術的でないことは確かだ。

イエスは、同じテーブルでめしを食うことに、彼のメシア運動――宗教運動において最も大切な位置を与えられたのである。ある人が「人は説教のみにて生きるものにあらず」と言ったが、我々は日常生活――パン問題を充分宗教化するまでは本当のものになっていないのである。宗教生活は羽根が生えて天に飛び上がるような奇抜なことでなくて、パンそのものの中に、日常生活そのものの中に、はっきり「神」を示現することである。イエスは復活後も、弟子達と共にパンを共に食した。その時弟子達はイエスの祈りぶりによって「目開けてイエスなるを認め」たとある（ルカ二四章三〇）。我々の食卓には常に宗教的空気が濃厚であってほしい。一緒に飲食することによって、宗教的気分は著しく助長せられるものである。

キリスト教の礼典として、罪のきよめを表象する洗礼と、イエスの贖罪を記念する聖晩餐とが今日も守られているが、後者は即ち、イエスが十字架に釘《つ》く前夜弟子と会食をせられたことを憶えるもので、一緒にめしを食することに外ならぬ、これがキリストの記念となっている。初代の教育ではこの外に愛餐式というものが行なわれていた。これは愛をもって、めしを食することであった。

大正七年の成金時代には、神戸あたりで一人前五〇〇円の宴会を開いた金持ちがあったが、祈りの気分の中に食するときには握り飯であっても、楽しく食べられる。大正十年五月の大阪のストライキの時なぞ、何千人の労働者たちが、握り飯とお香だけで、親しい気分の内に嬉々として食事を共にしたことであった。イエスが感謝してパンを割かれたとき、五千人が愉快に充分会食出来たことは決して不思議ではない。

私は、孔子が弟子達と会食したことを知らない。また釈迦にもそういうことは無かった。ある人は「パンの問題から宗教は発生した」というほどで、パンの問題と宗教とは、非常に密接な関係をつけている。南米の神々はトウモロコシを頭に冠っているそうである。我々が、この日常生活のパン問題まで、宗教的に取り扱うようにならなければ、未だ宗教に徹底したものとはいえない。

イエスはしばしば弟子達と会食し、宗教上の礼典にまで、食事を加へ、主の祈りにまでパン問題を加へたもうた。我々はよくこれを記憶する必要があろうと思う。

祈祷と変貌

「イエス人々を離れ祈りいたもうとき、弟子たち共におりしに問いて言いたまう」――「群衆は我を誰と言うか」。それで弟子達は、バプテスマのヨハネだとも世間では評判している。ある人は偶像破壊者で一神教運動の先駆者であるエリヤとも言っているし、またある人は、建国者モーセの甦った者だとも言い、ある人は涙もろい預言者エレミヤだとも噂している旨を答えたのであった（ルカ九章一八、マタイ一六章一四）。

これはイエスの生涯にとって一つの危機《クライシス》であった。この事件は、イエスのガリラヤ伝道の第三期の後期に属するものである。ガリラヤ伝道には次の三期を画することが出来る。

第一伝道……ナザレで排斥後、カペナウムにて開始

第二伝道……十二弟子選定、派遣

第三伝道……バプテスマのヨハネの死後イエスの方針変更、弟子と共に諸所に隠退してその教養に尽くされた。

イエスの自己に対する世評を質《ただ》されたのは、北方へ第二回の退隠をされた際であった。

と、「なんじらは我を誰と言うか」と聞かれて、ペテロが「神のキリストなり」と答えると、初めて十字架と甦生とについて発表をせられたのである――「人の子は必ず多くの苦難を受け、長老、祭司長、学者らに棄てられ、かつ殺され、三日目に甦るべし」と。その後イエスは「祈りのために山に行き」（マルコ六章四六）、四千人を養いしとき、「七つのパンと魚とを取り、謝し」（マタイ一五章三六）、「ペテロ、ヨハネ、ヤコブを率きつれ、祈らんとて山に登り給う。かくて祈りたもうほどに、御顔の状《さま》かわり、その衣白くなりて輝けり」（ルカ九章二八〜三六）と記録せられている。

神に向かっている人の顔は変貌する。私は「顔の歴史」を生物経済の方面から研究しているが、日本人の顔の最も美しいものの一つは藤原時代の定朝《じょうちょう》の観音の顔であろうと思う。少なくとも我々はあの観音の顔を、今日の日本人に回復したいと思う。どんなに優秀な顔が出来るであろうかと考える。白粉を落とさぬと、本当の顔は出て来ない。心の中の清い人の顔は、自ずからある香りの高いものが現れている。中流階級の婦人の顔の中には実に美しいものがある。顔は、心次第で変わるものである。ゴロツキの顔や、人を誘惑する顔には、何だか厭な濁った表情がいつでも浮かんでいる。心の結晶体は必ず顔面に表れるものである。怒っている気分を続けているならば、顔面の曲線は固いものになる。しかし、我々が祈りのうちにある時には、非常に柔らかい顔が出て来るものである。

喜びて祈れるイエス

七十人の弟子が伝道に成功して帰ったとき、「その時イエス聖霊により喜びて言いたもう『天地の主なる父よ、われ感謝す……』」（ルカ一〇章二一～二二）。イエスは喜びの時に祈られた。御礼の祈りというものは中々出て来ないものである。普通の人の祈りは、神から取るばかりである。神に返さない、御礼を忘れる場合が多い。いつでも、「くれくれ」と祈っている。そういう人を「祈祷乞食」と称する。

イエスの肖像は世界に沢山あるが、笑い顔のイエスを描いたものは少ない。イエスだって喜ばれた時もあるのである。それに、イエスを描いたものの多くは、血みどろのイエスである。悲しい時に祈る人は多いが、喜びの時に祈りする人は希である。私たちは、いつでも祈る者でありたい。真の祈りは神との会話である。我々の祈りにもこの神と物語り、また神を賛めたたえる部分がもっと多くあってほしい。

人々が、イエスに触ってほしいと思って幼児たちを連れて来たとき……弟子たちが禁止したのを見て、憤られ……幼児を抱いて「手をその上におきて祝」された。イエスはかく子供のために親切の頭の上へ手を按《お》いて祈られたのである（マルコ一〇章一六）。赤ん坊を抱く人は多いけれど、祈る人は少なくない。もし我々が祈りの気分で子供に接触し、真心をもって祝福してやるならば、必ずその子供は偉くなるに違いない。

ドワイト・L・ムーデー（＊）は、十七歳の時まで靴屋の小僧であったが、非常に宗教心の厚い少年であった。彼は、どうかして、自分の近隣の不良少年の気風を改善したいと思って、シカゴのキリスト会の日曜学校へ行って、日曜学校の一組を持たしてくれと頼んだ。牧師はみすぼらしい服装のムーデーを眺めて妙な顔をしていたが、「よろしい、ではこの組を持って下さい」と言った。「生徒は？」「一人もいない」ムーデーは生徒のいないベンチを与えられたのであった。それでも彼は喜んで、間もなく、そのベンチへ近所の不良少年を引っ張って来て、一つの組をこしらえた。これが、シカゴを中心として、米国に起こされた一大宗教運動の発端であった。

後にムーデーは大西洋を越えて、ロンドンへまで乗り込んで行った。その時、貧民窟から来た一人の蓬髪《ほうはつ》のジプシー少年がムーデーの馬車にはい上って、彼の説教を聞いていた。ムーデーの同労者サンキーは、それを見て、十三歳の乞食少年の頭に手を按いて「お前は偉い人になって、神様に御奉公するんだよ」と祝福をしてやった。この少年こそ今日では世界一流の宗教家として、美しい言葉と精神とをもって目覚ましい運動をしているジプシー・スミスであった。スミスがニューヨークへ来る時など三万人からの人が聞きに来るという調子である。

イエスは、常に祝福をもって宗教的に接触せられた。また、何人に対しても愛と尊敬とをもって接触せられるのを常とした。

主の祈りの解剖

バプテスマのヨハネやパリサイ宗は、その弟子に祈りの型を教えた。しかし、祈りの型を教える間、神はまだ一つの偶像である。それでイエス・キリストは、祈りの型は教えられなかったが、弟子の求めに応じて、祈りの模範を教示せられた。それが「主の祈り」である。「主の祈り」は元来が教育的にイエスから弟子に与えられたものだけあって誠に立派な宗教的作品である。それはトルストイが「我々の祈りはこれ以上に出てはいけない。これ以上の祈りは我がままである」と言っているくらいである。

主の祈りを解剖すると次のようになる。

天にいます
我らの父よ

神のため

(1) 御名を崇めさせたまえ――礼拝、敬虔

(2) 御国を来たらせたまえ――神の国（時間的）

(3) 御意の天になるごとく地にも成らせたまえ――神の意志

人のため

(4) 日用の糧を今日も与えたまえ――パン問題　生活保護

(5) 我らに負債《おいめ》ある者を赦したるごとく我らの負債をも赦したまえ――罪の許容、他人の分までの補償（社会的）

(6) 我を試みに遇わせず、悪より救い出したまえ――試練、生活の保護（歴史的）

絶対の帰依
（国と力と栄とは汝のものなればなり　アーメン）

どの点から見ても主の祈りは、祈りの最典型的なものであると言える。我々はこれを祈りの模範とするのである。外に、言葉の無い時には、この祈りを繰り返してもいい。

「天のお父様、あなたを拝まして下さい。理想の国が来るように、あなたの意志が徹底

するように」――この祈りをどうして迷信と言えよう、不合理的であると言えよう。我々の祈祷精神の最も純化した、このような優れた宗教的心理作用を、常にもっておれば、決して間違いはない。平生はいいとしても、一旦、平和が破れて、人生に地辷《じすべ》りの生じた時、動乱の時に、自然にかかる至純な祈りが我々のうちから湧くようであれば幸いである。イエス・キリストは、こういうような模範的の祈りをもって、爛《ただ》れゆく良心を引き上げてくれるのであった。

イエスはまた、パンについて祈られた。人はパンのみにて生きる者ではないが、イエスは、パンの必要と、人間がパンを吸収して神の方へ伸び上がることを信じられた。イエスは精神をもって人間が、パンを征服することを考えられたから、度々、パンについて祈られた。また食事の度に必ず祈られた（ルカ伝二二章一七）。

私は昨年（大正九年）の九月頃、天津《てんしん》の領事と共に、天津の貧民窟を見に行った。そこへ直隷省辺りからの飢民が雲集しているのを見て領事に忠告したことであった。私はそこで四千人の人が飢えて、住むに家なく、野宿をして苔を食っているのを見たのであった。

我々は、食物について感謝することを知らなくてはならぬ。パン、被服、労働、すべてについて感謝していく時には屈託《くったく》がない。ミニマム・ライフ（最小限生活）で満足し得る人は滅多に困らない。イエス・キリストはその生活を送られたのであった。彼はまた、人間の欠点を知って、相互に補償すべきことを祈られた。即ち横の関係において——社会的には罪を赦し合うこと、縦の関係において——歴史的には、間違いのないように、日々の生活を守っていただくことを、その祈りのうちに入れることを忘れられなかった。イエスはラザロの甦ったとき、天を仰いで祈られた（ヨハネ伝一一章四一）。これは一つの祈りの習慣である。マホメット教でも天を仰いでする風がある。この外にイエスは祈りのとき「天より声」の出づるを聞かれ、「われ父に請《こ》わん」父は外に慰むる者を送らんと約束せられている（ヨハネ伝一二章二七）。また最後の晩餐の時「杯をとり謝して祈り」、ヨハネ伝一七章は全体が祈りとなっている。また弟子の信仰のためにも祈られた（ルカ伝二三章三二）。

御意の成らんことを

ルカ伝二二章（三九—四六）には、有名なイエスの「ゲッセマネの祈り」の記事がある。ゲッセマネは、エルサレムの東、ケドロン谷を隔てた所にあるオリブ山の中腹にあった。この丘の麓を南東に十四五町迂回すればイエスの愛弟子のいたベタニヤ村がある。オリブ山は、イエスがしばしば祈りのために行かれた所である。

イエスはいよいよ明日は十字架に釘《つ》けられるという前夜、ゲッセマネの園で夜通し祈られた。キリスト信者は苦しいとき、ゲッセマネのイエスを想起する。イエスはこの時非常な苦悩の絶頂にあったが、決して、神に自分の考えを押し付けなかった。彼は汗を血の雫《しずく》のごとく滴らせ悶えながらも、少しも我がままな祈りをせずに「父よ、御旨ならば、この酒杯《さかづき》を我より取り去りたまえ、されど我が意《こころ》にあらずして御意《みこころ》の成らんことを願う」と祈られたのであった。ユダヤでは、苦しいことを、杯に譬えた。正しい人か否かを定めるのに毒杯を回す風習があった。

西の宮にエビス神社があって一月十日には福をもらいに沢山の人が参詣でに出かける。ところがこのエビスは、つんぼだとのことで裏へ回って盛んに戸を叩く。そして、少しでも余計に自分の願が聞かれて、福を分けてもらおうとひしめくのである。欲の深い人は残りの福をもらおうとて、十一日に出掛けるのである。しかしこれらの祈りは、自分だけよければいい、自分が得をすればいいという、随分我がまま勝手な祈りである。

しかしながら、イエスの態度は、その正反対であった。「父よ、み心であるならば、火の中でも、水の中でも、天国でも、地獄でもどこへでも随いて行きます」という——実に美しい態度である。

「御意のままになさせたまえ」自分は最善の努力を尽くすが、それから先は我意を通すのでなくして、神様にスッカリお托《まか》せする。ここに人生の妙味が発見出来る。自分の努力から先は、必ず神様の仕方のある方法を執《と》って下さると信じて、聖手により縋《すが》って行ったらいい。もし小さい子供が母に手を引かれて市場へ行く場合に、母を信頼しないで、「お母さま、私は、あなたが信用出来ませんから、反抗します」と言ったら随分おかしなものである。

病気に罹っても、苦しい目に遭っても、落第しても、最善を尽くしているならば何も慌《あわ》てる必要はない。

米国第三代の大統領ジェファソンは自身無学でabcも書けなかったので夫人に学んだ。そして、勉強を続けて、大統領になるまで教えてもらったのだという［編注・ジェファソンはしっかり教育を受けている。著者の勘違いか］。何も今学校へ行けぬからとて、慌てる必要はない。私は貧民窟、塵埃《ごみ》溜りの側に住んでいるが少しも慌てない。

あの万有引力説――この頃アインシュタインの相対性原理によって革命されたが――を発見した、アイザック・ニュートンは片足が不自由であった。しかも少年時代には健康のためか学校の出来が悪くて落第して泣いていたものだ。それが年老いてから偉くなったのである。もし出来が人より悪いなら、人が一時間でやる分を二時間かかってやったらいい。よし学校へ何かの事情で行けなくなっても、絶望するに当たらぬ。社会の学校は広い。近頃の法学士は大抵最初月給六十円位しか取れぬが、タービン職工は一日三円以上の収入がある。神様は大きい。神様は彼を学者になし、私を職工につくるのである。すべての時に「御意のままになさせたまえ」という心持ちを失わないことが大切である。万人が一つの型でもって行くのでないからして、かえって面白いのである。ある時は雨が降るであろう。ある時には風も吹くであろう。私は雨も好きだし、暴風雨も好きである。

イエス・キリストは、「他人を救うて自分を救えない馬鹿者よ」と罵《ののし》られたが、かえってそういう人々、自分を苦しめる人々のために「父よ、彼らを赦したまえ」と十字架の上で祈った（ルカ伝二三章三四）。使徒時代にステパノは石にて撃たれて殺される時に、少しも怒らず、かえって、「父よ、この罪を彼らに負わせたもうな」と祈った。私の所へは、よくゴロツキがやって来て、ガラスを破《わ》るし、飯台を引っ繰り返す。そんな時に一々怒ってしまえば、到底辛抱が出来ぬ。こちらが綿のような心で応対していると、大抵は後から後悔して詫《あや》まりに来る。私は今まで、そんな場面に幾度も出会して、その都度、宗教的に赦すことを度々経験している。さらにイエスは「父よ、我が霊を御手にゆだぬ」（ルカ伝二三章四六）という祈りをして絶息した。イエスの最期は実に美しい一篇の詩であった。徳富蘇峰氏の談によると、桂公爵は、死に臨んで、恐ろしく煩悶せられたとのことである。しかしながら、イエスの死は本当に神の子の死であった。

日本では一年に千人中二十一人が死ぬ統計になっている（平成二一年は九・一人）。いつか、私達にこの世と別れねばならぬ瞬間が必ず来る。私共の死ぬのは、魂を天のお父様の手に預けることである。復活後イエスは、エマオで弟子を祝福し、昇天の際にも「いずれ皆が神から恵みを受ける時が来る」と約束して弟子達を祝福せられた。

私は以上、四福音書に掲載せられている、イエスの祈りを一通り見たわけである。即ちイエスは、自分の生涯の危機危機に必ず祈りをせられたのであった。

第二節　イエスの祈祷に対する教訓

イエスは祈祷に対してどんな教訓をせられたか。私達はその一々ついて学ぶ所がなくてはならぬ。

祈祷の発生的研究

祈りはその初期の形のおいては、incantation《インカンテーション》（呪文）であった。日本の加持というものは随分我がままなものであるが、やはり祈りの一つの形である。呪文というのは例えば、真言秘密の法と称する火伏せのごときものである。私は世界で最も古い呪文であるバビロンの呪文を研究してみたが、カルデヤの魔術というのは、自分の力では及ばぬ時、ある手段によって、自分の欲望を達しようとするものであって、日本の忍術などもやはりこれに属するものであろう。（レルモント「カルデヤでの魔術」）

マジックの――呪《まじな》いや加持の――本質は一つのインカンテーションである。今日、訳も分からずに称えられている「おとなえ」を原語で調べてみると、それは皆祈祷文であることが分かる。そのあるものはサンスクリットであり、あるいはずっと古代の祈りの言葉がそのまま伝えられているものもある。法華経の二十四品《ほん》に一つの呪文がある。そのところは決して訳してないが、その部分は、太古の言葉そのままである。

古代宗教は、大抵魔術の形で与えられている。王の持つ笏《しゃく》杖は、元来法術者の魔術力を表す魔術杖の進化してものである。エジプトあたりの画にこれが描かれている。日本の真言宗や禅宗僧侶が持っている笏杖類似のものは、エジプトあたりで祭典の時に使用した斧形のケフ・ペセシュというものと何か連絡があるもののように私は思うのである。

かくのごとく祈祷というものは、歴史的に考えれば、非常に古いものであって、どんな場合でも――たとえ太陽が消失しても――人間の心から抜くことの出来ぬものである。祈るということは、人間にとって最も本然的なものである。だから、人間にはどうしても瞑想宗教では満足しておれなくて、自然に、無意識の中に祈祷宗教の形に移行していく傾向がある。例えば真宗の仏教は、祈祷を禁ずるのであるが、明治天皇の崩御の際、念仏が一種の祈りに移行していったことを私たちは見たのである。百万遍という条件を付して念仏するということがすでに、そのこと――瞑想宗教より祈祷宗教への移行――を示すものである。また、禅宗のほうでも、禅をする前に、ある種の祈りのごときものをする習慣がある。井上哲次郎（＊）の『釈迦牟尼伝《しゃかむに》』によると、釈迦は、悟りを聞く前に仏教に無い、ある神に祈った、と書いてある。これは人間が、瞑想宗教だけでは、満足できない一消息を語るものではあるまいか。

私は以下、かかる性質をもつ祈祷に対して、イエスが如何なる教訓をされたかを研究してみたい。

イエスの祈祷に対する教訓

(1) 壇の前……………マタイ伝五章二三
(2) 迫害者のため……………マタイ伝五章四四、ルカ伝六章二八
(3) 偽善者のごとくするな…マタイ伝六章五
(4) 癇癪……………マルコ伝九章二四、マタイ伝一七章二一
(5) 祭司に見せよ……………マタイ伝八章四
(6) 労働人《はたらきびと》のため……………ルカ伝一〇章二、マタイ伝九章三八
(7) 止まる家のため……………ルカ伝一〇章六、マタイ伝六章九
(8) 主の祈り……………ルカ伝一一章二、マタイ伝六章九

(9) 最大要求の例……ルカ伝一一章五、マルコ伝一一章二四、マタイ伝七章七、二一章二二、ヨハネ伝一六章二四
(10) 落胆なき祈り……ルカ伝一八章一
(11) 二種の祈りの人……ルカ伝一八章一〇
(12) 心を合わせて祈れ……マタイ伝一八章一九
(13) 我が家は祈りの家……ルカ伝一九章四六、マタイ伝二一章一三
(14) 偽善の祈り……ルカ伝二〇章四七、マルコ伝一二章四〇
(15) 来たらんとする苦難……ルカ伝二一章三六、マタイ伝二四章二〇、マルコ伝一三章一八
(16) 目を覚まし祈れ……マルコ伝一三章三三
(17) 誘惑に入らぬよう祈れ……マルコ伝一四章三八、マタイ伝二六章四一
(18) 我が名によりて祈れ……ヨハネ伝一四章一三、一五、一六、一六章二三

偽善者のごとくするな

神の祭壇の前に出る時には、兄弟の誰とも不和の関係にあってはならぬ。それでイエスは「汝もし供物《そなえもの》を祭壇にささぐる時、そこにて兄弟に怨《うら》まるる事あるを思い出さば、供物を祭壇の前に遺しおき、先ず往きて、その兄弟と

和睦し、しかる後来たりて、供物をささげよ」と言われた。私たちは先ず他人と和解していなければ本当の祈りが出来ようはずがない。人と人と怨恨を抱き、互いに憤りの心に燃えながら、神のみ名を賛美するほど、おかしなことはあるまい。

私はよく貧民窟で見るのであるが、ある人たちは、喧嘩しながら御題目を唱へ、互いに、罵《ののし》り合いながら、荒熊稲荷大明神を拝んでいるのである。イエスは言われた、「誠に汝らに告ぐ、一厘も残りなく償うまでは神の前に出られない」と。

ジョン・ラスキン（＊）がかつてホイッスラー（＊）と喧嘩したことがある。それは、ラスキンがある批評の中に、ホイッスラーには、自然のことが分からぬと言ったためである。それでラスキンは訴えられた。賠償金一銭を払わされたという有名な話がある。ジョン・ラスキンは一銭を償うまでは、ホイッスラーと和睦されなかったのである。何人に対しても怨み、怨まれない心の所有者でなくては、神の前に出る資格がないのである。

ある人は、「俺は修験者でござる」といった風に特別に、異様な服装をする。そしてわざと神秘的であろうとする。それで、着物の出来そこないのようなものを付けたり縄の帯を締めたりする。イエスはそういうやり方に対して、「汝らに偽善者のごとくするな」と言われた。イエスは宗教的であろうとするためにわざとらしい風態をすることをあくまでも戒められた。

汝ら祈るとき、偽善者のごとくするなかれ。彼らは人に見られんがために会堂や大路の角に立ちて祈ることを好む。誠に汝らに告ぐ、彼らはすでにその報いを得たり。（マタイ伝六章五）

イエスはまた「祈るとき、異邦人のごとく徒《いたず》に言《ことば》を繰り返すな。彼らは言葉多きによりて聴かれんと思うなり」と言われた。

プリンストン大学の代数の先生にガラスピーという教授があるが、この人の祖先にやはガラスピーという学者があった。その人の祈りの文句が今日、ウエストミンスター・カテキズム（教理問答）中の信仰箇条となって残されているが、その祈りは、先ず神とは何ぞやから始まって、神の定義として全知、全能、無限という風の形容詞が十四五も冠らされている。何でもこの祈りをするのに四時間かかったという話である。

日本でも、明治の初年に、横浜の海岸教会で某氏の送別会は一時間半祈った人があった。先ず天地創造のそもそもから、世の終わりまでのことを祈るのだから堪《たま》ったものでない。その人が祈り了《お》えて首を挙げてみると、すでに送別されるはずの人は、汽船に乗って出て行ってしまっていたというので、一つの話になっている。イエスが「徒に言を繰り返すな」と言われたのも無理はない。

もし、我々の祈祷というものが、禅的な一つの方便であるならば、それでいいのかも知れぬ。即ち、一種の自己睡眠的方法であるとするならば、しかし、祈りは我々が神へ向かって伸び上がろうとする一つの要求であると考えるとき、我らは徒《いたずら》に文句を繰り返す様式を捨てなくてはならぬ。

イエスの祈りは極めて短かった。ヨハネ伝一七章にあるその最長のものでも、多分五分間はかからないであろう。

我々は簡単に、要領を得た祈りをする者でありたい。イエスは、「外見をつくりて長き祈りをなす」学者らを警戒された（ルカ伝二章四七）。

イエスは病気のためにも祈られた。病気のために祈ることは少しも差し支えのないことである（マルコ伝九章一四～二七）。

日常語で祈れ

救世軍の美わしい点は、日常生活そのものが、そのまま宗教的であることである。彼らは人と出合うと「ハレルヤ」と挨拶する。もしこれが、日本語で「神さまを賛美しましょうね」と、何のわざとらしいところもなく私達お互いが挨拶出来たら一層いいことと思う。大切なことは、我々の日常生活がそのまま宗教化され、すべての宗教生活が日常生活へ織り込まれることである。

今日のように、生活が、二元にも三元にも分裂していることは――そして少しも宗教的分子のないことは――一種の病態である。我々の生活に、宗教生活、芸術生活というようなな、区別のあるはずはないのである。

アウグスチヌスに『懺悔録《ざんげ》』という名著があるが、それは五百ページばかりの告白が全部祈りの調子で書かれている。ギリシャの哲人ヘラクレイトスの哲学がやはり、祈祷文で書き起こされている。マヌ（＊）の教典、ハンムラビの法典（＊）はみな祈りで始まっている。我々の心が灼熱《しやくねつ》の域に達すると、すべてが祈りの調子に変わってくるものである。

ある人たちの祈りの言葉は、非常に古典的である。それで我々の心にしっくりとは合わない。明治十九年前――一度日本でキリスト教が非常に盛んであった、そしてその後逆転して、近頃また盛り返してきたのであるが――ある人の祈りは、その頃の言葉を受け継いでいる。我々は今使っている言葉で祈れるのでなくてはならない。今日の神道の「のりと」は奈良朝時代の祈祷文であって、随分妙な言葉である。

あれは、過去には宗教生活があったが、今は全く生活そのものとかけ離れているという一つの証拠とみていい。

もし、キリスト教も神道のように古い言葉で――千四百年前の文章で――祈るのであったら、それは現代に何らの意義をもたぬものである。

ある人は、むつかしいものでないと深くない、と考える。それで、ちょっと普通の人に分からない華厳《けごん》経などを有り難がるのである。しかしながら、最も深いものは、最も我々の日常生活に触れた、現実に触れたものでなくてはならぬ。日常生活にぴったりと一致し、現実の生活に触れるものでなくては、普遍的な宗教ではない。

ユニバーサル（普遍的）なものでなくては本当のものではない。我々の本然的要求に根ざし、そこから出て来るものが本当の宗教である。

だからして、我々は、わざわざくっつけたような言葉で祈る必要はない。言文一致で日常語で祈っても少しも差し支えないのである。

しかし、むつかしく考えるならば、私だって相当に理屈をもっているのである。世界の宗教を大別して(1)人格宗教(2)非人格宗教の二つに分類することが出来る。

人格宗教では、神を喧《やかま》しく言うし、非人格宗教では、法（仏）を喧しく言う。非人格宗教は人格（意志）を認めないから、したがって、欲求即迷いであるとする。それで、要求を消すのである。法の上にある人格を消すのが涅槃《ねはん》である。印度では無の思想を中心とした宗教が発生した。要求しても与えられないので、多くの人たちは、この「無」の宗教を面白がる。日本では随分、近頃虚無主義者が多くなった。無の思想からいうと、人格と我とから出発する宗教よりも、冷たい「法」の方が面白いのであるかも知れぬ。「法」の宗教は、そのもっとも純化したものでも、「汎神教」で止まってしまう。

ところが、人格宗教は、先ず「私」から始まる。これは最も自然科学的方法である。そして、宇宙に心理的法則のあることを見いだすのである。（普通は、この法則を抜くのであるが――）そこでは神と人間が宇宙において対立し、そしてまた、人と人とが対立する。

俳人正岡子規は

秋風や我に神なし仏なし

という辞世の句を遺したが、これは虚無説でなくて、無の無の奥に法を見るという一つの心持ちを詠《うた》ったものであろうと思う。

しかし、イエスの教えた宗教は、いつでも温かい人格と人格とか擦《す》れ合う間に、祈りが発生する宗教生活であった。

ドイツの人には一人で祈る癖があるが、イエスは、心を合わせて祈れと言った。

祈祷の社会性

また誠に汝らに告ぐ、もし汝らのうち二人、何にもても求むることにつき地にて心を一つにせば、天にいます我が父はこれを成したもうべし。（マタイ伝一八章一九）

祈りはこの時に社会性を帯びてくる。我々は一人で祈るとともに集団的に祈ることを怠ってはならぬ。ここに祈祷会の存在の理由がある。それで祈祷会の盛んな所は、自然に宗教運動が盛んに行なわれるのである。

また、イエスは、「我が名によりて祈れ」と言われた。これはイエスが来てからの後のことである。「彼は自分の名において祈るならば必ず与える」という約束をせられた。イエスの名においてというのは、キリスト信者の一つの癖になっている。

汝らが我が名によりて我に願うことは、我みなこれをなさん、父、子によりて栄光を受けたまわんためなり。何事にても汝らが我が名によりて我に願わば、我これを成すべし。(ヨハネ伝一四章一三〜一四)

汝ら我を選びしにあらず、我なんじらを選べり……おおよそ我が名によりて父に求むるものを、父の賜わんために汝らを立てたり。(ヨハネ伝一五章一六)

誠にまことに汝らに告ぐ、汝らのすべて父に求むる物をば、我が名によりて賜うべし。汝ら今まで何をも我が名によりて求めたることなし。求めよ、さらば受けけん。(ヨハネ伝一六章二三〜二四)

「イエスの名によりて」ということは、イエス自身を通じてということである。

もっとも、幼少な子供には、こんなことを言わせなくっても、ただアーメンだけでいい、キリストはよくアーメンアーメンと繰り返された。この言葉は元来キリスト教独特のものでなくってアッシリア、バビロン地方の宗教の遺物である（＊）。

その意味は、「真心から」というのであるが、カナン人も、ユダヤ教も、マホメット教も、アーメンと言って祈るのである。ただ、キリスト教徒が特別にこの言葉を多く用いるだけのことである。アーメン（真実）たることは我々に最も必要である。

イエス・キリストの祈りの全文の出ている個所は、次のごとくである。
(1) ヨハネ伝一七章
(2) ヨハネ伝一一章四一
(3) ヨハネ伝一二章二七～二八
(4) ルカ伝一〇章二〇
(5) マタイ伝一一章二五
(6) ルカ伝一九章四一
(7) ルカ伝二二章四二
(8) ルカ伝二三章四六
(9) 主の祈り　マタイ伝六章九～一三
イエスは何を祈りの目的とせられたかというに、それは前述の祈りの中に表れているごとく、イエスが祈りの目的とせられたものは次のごとき事柄であった。

祈りの客体

(1) 天国のため
(2) 苦難のため
(3) 敵のため
(4) 弟子のため
(5) 試練のため
(6) 病人のため
(7) パンのため
(8) 罪のため
(9) 栄のため
(10) 聖霊のため
(11) 潔《きよ》めのため
(12) 民衆のため
(13) エルサレムのため

イエスは神を呼んでお父さまと言われた。理屈を言うから宗教は分からないのである。

イエスは直感的に、先験的に、宇宙の源である生命の父に行かれた。我々は絶対無限の神よというような面倒な、数学の上にinfinite（無限）や、プラス、マイナスで祈るのでなく、「お父さま、あなたの外行く所はありません」という、親しいものでありたい。理屈を言っている間はどうしても、キリスト教は信ぜられぬ。何を疑っても俺を生かしている生命だけはどうしても疑えない、神は疑惑の余地のない生命である。それで我々は神をお父さまと呼びかけるのである。

イエスの祈りと神とに対する態度は次のごときものであった。

祈りと神とに対する態度

神観
1 哲学的でない
2 神学的でない
3 宗教的である
4 経験的である
5 倫理的である

神を呼びて
1 父よ
2 我らの父よ
3 義しき父よ
4 天地の主なる父よ
5 聖父よ
6 エリ、エリ

第三節　イエスの祈祷の特長

イエスの祈祷の場所

イエスが山へはいって祈ったという記事が福音書を通じて七回出ている。山で祈ることの出来ることは喜びである。山は我々にインスピレーションを与える。

山にての祈り

(1) マタイ伝一四章二三
(2) マルコ伝六章四六
(3) ルカ伝六章一二
(4) ルカ伝九章二八
(5) ルカ伝二一章三七
(6) ヨハネ伝六章一五
(7) マタイ伝五章一

「かくて群衆を去らしめてのち、祈らんとて窃《ひそか》に山に登り、夕になりて独りそこにいたもう」「その頃イエス祈らんとて山に行き、神に祈りつつ夜を明かしたまう」「これらの言《こと》をいいたまいし後、八日ばかり過ぎて、ペテロ、ヨハネ、ヤコブを率きつれ、祈らんとて山に登りたもう」「イエス昼は宮にて教え、夜は出でてオリブという山に宿りたもう」……私たちもイエスに倣《なら》って祈りのために森へ、林へ山へ行くものとなりたい。

イエスは、また人なき所で祈った。

人なき所にての祈り

(1)　ルカ伝五章一六

(2)　ルカ伝九章一八

(3)　マルコ伝六章四六

(4)　マタイ伝六章五

彼はまた、朝早く祈られた。あるいは夕べに山に退いて祈った。

祈りの時

朝……マルコ伝一章三五

朝まだき暗きほどに、イエス起き出でて、寂しき所に行き、そこにて祈りいたもう。

タ……ルカ伝六章一二、マルコ伝六章四六

あなたが朝遅く起きるならば、あなたの祈りの時——最もいい祈りの時間を大分損したのである。夜明け前に起き出でて、あなたが一人祈りに行くことは幸いなことである。

イエスの習いの習慣

常に祈る……ルカ伝五章一六

常に人なき所に退きて祈りたまいき

祈りが私たちにとって嬉しいものにならなくてはならぬ。イエスの祈りがそうであった。彼の祈りには瞑想の部分が加わって、いつでも祈り心地でいられたのであった。法廷へ行こうが、牢獄にぶち込まれようが、私たちは充分光明遍照の世界に住んでいることが出来る。そして恵みの雨は静かに私たちの魂に降り注ぐのである。祈りは天の父の懐に手をまわすことである。天の父にもたれかかることである。そして、そこに強い力が加わって来る。これが祈りである。祈りは噴水である。内側から猛烈な勢いをもって神に向かって吹き上がる噴水である。何者がこれに敵しえよう。

イエスは我々が祈りをするについて数ヶ条の注意をせられている。

祈りに対する注意

(1) 繰り返し言をいうて祈るな（マタイ伝六章五）
(2) 辛抱強く祈れ（ルカ伝一八章一）
(3) 必ず得ると信じて祈れ（マルコ伝一一章二四）
(4) 謙遜して祈れ（マタイ伝一八章一四）
(5) 人の罪を許して祈れ（マタイ伝六章一二）
(6) イエスの名によって祈れ（ヨハネ伝一六章二三）

感謝
マタイ伝五章二三、マタイ伝八章四、ヨハネ伝一章四一

祈祷とその感応

ある人たちは祈りは、何だか宛のないもののように考えるのであるが、祈りは必ず応答されるものである。本間俊平氏（＊）は祈りの聞かれた実例を沢山もっていられる。故石井十次氏（＊）のことを記した『信天記―石井十次詳伝―』という書物はインスパイアリング・ブック（霊感的な書物）である。その中には、多くの祈りを聞かれた事実が記されてある。

世界におけるキリスト教主義孤児院の父、ドイツ生まれのジョージ・ミューラー（＊）は、十九歳までは一個の不良少年であったが、悔い改めて信者になって後、ある時、詩篇

の中に「神は孤児の父なり」A Father of the fatherless（詩篇六八篇五）という聖句に感動して、祈りのみによってブリストルに孤児院を始めたのであった。彼は九十七歳の高齢を保って一八九二年に永眠したのであったが、その一生涯を通じて、確実に応えられた祈りが五万遍あったとのことである。彼は、祈りのみによって、一千三百万円を与えられたのであった。祈りは、どんな窮境にあっても私達を充分Carry through（切り抜けさせる）する力である。

わたしも、こういう経験を少なからずもっている。私は十五歳の時に洗礼を受けたのであるが、実は私のために軽井沢で明治三十六年（一八九三）の七月から祈り始め翌年の二月まで七ヶ月間祈って下さった方があったのである。それで私は、三十七年の一月三十日に決心して、二月の二十日に洗礼を受けたのであった。何だかミステリアスに聞こえるが、確かに祈りは他の人にも感応するものである。

祈りと感応

(1) 我が名によりて父に求むるものを、父の賜わんために……（ヨハネ伝一五章一六）

(2) イエスもバプテスマを受けて祈りいたまえば、天ひらけ、聖霊、形をなして鳩のごとくその上に降り、かつ天より声あり、曰く、「なんじは我が愛しむ子なり、

我なんじを悦ぶ」……（ルカ伝三章二一〜二二）

(3) かくて祈りたもうほどに、御顔の状《さま》かわり……（ルカ伝九章二九）

(4) 今わが心さわぐ、われ何を言うべきか。父よ、この時より我を救いたまえ、されど我がこのためにこの時に至れり……（ヨハネ伝一二章二七）

イエスの祈祷の特長

イエスは、祈りの外にまたしばしば祝祷をせられた。即ち、食前にあたって祝祷し、子供の頭に手を按《お》いて祝祷せられた。あるいは人の家に入りしとき、あるいは送別の際に祝祷をせられている。その二、三の例を挙げれば次のごとくである。

イエスの祝祷

(1) 食前に

イエス五つのパンと二つの魚とを取り、天を仰ぎて祝し、割きて……ルカ伝九章一六

共に食事の席に着きたもうとき、パンを取りて祝し、割きて与えたまえば……ルカ伝二四章三〇

(2) 子供の頭に手を按きて

幼児を抱き、手をその上におきて祝したまえり……マルコ伝一〇章一六

(3) 面会

もし平安の子、そこにおらば、汝らの祝する平安はその上に留らん。もししからずば、その平安は汝らに帰らん……ルカ伝一〇章六

(4) 送別

われ平安を汝らに遣す、わが平安を汝らに与う。わが与うるは世の与うるごとくならず、汝ら心を騒がすな、また懼《おそ》るな……ヨハネ伝一四章二七

これを通じて、イエスの祈祷の特長は次のごときものであった。

(1) イエスの祈りは神との会話であった。
(2) イエスは常に神を父とした。
(3) 必ず得ると信じた。
(4) 感謝した。
(5) 彼は神よりの答えを聞いた。
(6) 大事の危機には必ず神と相談した。

(7) 無理は言わなかった。「神意のままなさせ給え」と祈った。
(8) ヨハネの記事によると「信仰の増すために」祈ったと記されている。
(9) 神の事業の一部また補助として祈った。
(10) 彼は自由に祈ることを弟子にすすめた。

この種類の祈りをどうして迷信と呼ぶことが出来よう。

祈ることによって世界は開かれるのである。そして祈るところには必ず実現されるのである。祈りは少なくとも祈る人自身の志を高潔にし、高い理想を増してくれる。イエス・キリストは手と足とで祈られた。彼は、磔柱の上で祈られた。彼の日々の行動そのものがすべて礼拝であった。彼においては完全に労働が祈祷であったのである。私達もこれでなくてはならぬ。喜びも悲しみも全部の全部を神に持っていって、神人融合の世界を覗《のぞ》く者とならなくてはならぬ。

第四章　イエスの死とその前後

それ十字架の言《ことば》は亡ぶる者には愚かなれど、救わるる我らには神の能力《ちから》なり。ユダヤ人は徴《しるし》を請い、ギリシャ人は智慧《ちえ》を求む。されど我らは十字架に釘《つ》けられたまいしキリストを宣《の》べ伝う。これはユダヤ人には躓《つまず》きとなり、異邦人には愚かなれど、召されたる者にはユダヤ人にもギリシャ人にも神の能力、また神の智慧たるキリストなり。

——コリント前書一章一八以下——

第四章　イエスの死とその前後

序　節

使徒パウロは「それ十字架の言《ことば》は亡びる者には愚かなれど、救わるる我らには神の能力《ちから》」だと言った（コリント前書一章一〜八）。これだけ明晰に、また簡単に価値判断の区別をしたものは少ない。世界のいろいろの論争の中でこの十字架の問題くらい議論せられたものは外にない。最近にはいわゆる高等批評がこれに対して行なわれて、ますます異論百出の有様である。彼ら批評家は「キリスト教は今日あまりに教義化し過ぎて、十字架教即ち苦痛の礼拝になっているが、しかし、それは真のキリスト教ではない。キリスト教とは、イエスの生涯それ自身である。だから我々は、パウロ教――十字架教――からキリスト教を解放して、イエス・キリストそれ自身に帰らなくてはならぬ」と言うのである。

即ち、トルストイのごときがそれで、イエスの教えはその教訓のみで充分の価値がある、パウロのごときは取るに足らないと言うのである。はたしてパウロのごとき十字架というものが間違いで、トルストイのごとくイエスの教訓のみを高唱するものが本当であろうか？　はたしてイエスの生涯から、我々は、十字架を取り去ることが出来るであろうか。

パウロが、「イエス・キリストと彼の十字架に釘《つ》けられしことの外は、汝らの中にありて何をも知るまじ」と言うほど、十字架を説いたことについては、イエス自身の生涯の中にその生涯を十字架でもって位取りせしめたほどの何ものかが醗酵していたためではなかろうか。

イエス・キリストの公生涯は、三年ないしは三年三カ月であったろうといわれる（スチーブン、バートン説）。しかもこの三年三カ月の生涯の大部分は弟子たちと共に逃げ隠れていたのであって、多分公の伝道期間というものは、一年か、一年足らずであったと思われる（シュワイツエル説）。イエスはある時には、カペナウムからツロ・シドンの方へ逃げた。ある時はペレヤへ、ある時はまたサマリアへ逃げ隠れた。殊に十字架前後において、前後四回の長期にわたってイエスは逃げ隠れせられている。かくのごときわずか一年そこそこでもって、世界の歴史を回転せしめるような一大事業がどうして出来たのであろう。奇跡といえば、奇跡である。

その短期の公生涯中に、イエスの思想に三段の変化があった。即ち、イエスの譬喩《たとえ》にこれが表れているが、最初の頃のものは、自然的であったが、次いでルカ伝一五章～一七章に出ているような人情的なものに変わり、終《しま》いには王者の権威を説かれるようになった。そこに格段の気分の相異を観取することが出来る。しかし、これらを通じて一つ変わらざる分子がイエスの心にあった。それは、彼が何か暗い十字架を考えておられたことである。だからして、もしイエスの生涯から、十字架というターニング・ポイント（転機）を取り去るならば、イエスの絶対秘密にしておられた、「神の国」と「メシア」との問題は全く解けなくなる。

イエスの生涯に二つの秘密があった。それは神の国という精神的社会的な神をも含む一つの世界と、イエス自らが、この神の国運動においての第一人者（メシア）であるという自覚であった。イエスは、第二回目に北方カイザリヤ地方（ピリポ・カイサリア）へ退隠したとき、この第一人者たる自覚を明らかにせられた。しかし、この自覚を見抜いたペテロに対してイエスは「このことを誰にも告ぐるなかれ」と命じられた（ルカ伝九章二一）。しかし、いよいよエルサレムへ入ろうとされた頃には、もはや譬喩で語らないで――「汝は明らかにこのことを言えり」（ヨハネ伝一六章二九、二五）――あからさまに弟子たちにすべてを打ち明けられた。

イエスの時代には、今日社会運動が盛んであるように、「神の国」運動が盛んに行なわれていた。ガリラヤのユダ、チウダ等はみなこの運動の一方の指導者であったのだ。「死にたる者に死にたる者を葬らせよ」「手を鋤《すき》につけてのち、後を見るなかれ」などという格言は、ガリラヤのユダの反乱後、流行語になっていた。(拙著『イエス伝の教え方』第三版第八章「イエス生存時代の研究」参照)

とにかく、イエス・キリストの来るまでの「神の国」運動は実に猛烈なものであった。即ち、多くの者は暴力と権力とによってその来臨を計った。しかしながらイエスは、十字架と受難の道を選んだのであった。イエスは、義人は必ず民衆のために苦しんで贖罪死を遂げるというイザヤ書五三章の精神の中に自らの使命と、その行くべき方向とを発見せられたのであった。そしてそれは聖書のもっとも大なる秘密の一つである。イエスの心の中には、この思想が漸次に強く現れてきたのであった。

第一節　救済宗教の確立

イエスが真の宗教的「神の国」を来たらせんとしたとき、彼は実現を妨害するすべてを排除せねばならなかった。それで、彼は、宗教上の形式主義を全部破壊しようと試みられた。

偶像主義の破壊

当時ユダヤ人は、宗教的形式主義が固くこびりついていた。彼らは、二つの偶像主義に囚われていた。即ち、それは、神はシオンの山のみを特に守るという空間的偶像主義と、神は安息日のみを特に濃厚に守るという時間的偶像主義であった。このためかえって至純な宗教心が濁されるおそれがあったのである。ある人は、教会のみには神が住んでいるが、自分の家には神は希薄だと考える。あるいはまた、教壇の上には神が濃厚であるが、会衆席には希薄であると考える。それは一つの空間的錯誤である。ユダヤ人は、シナイ山上にこれを考え、次にシオン山にこのことを考えた。しかし、イエス・キリストは、この偶像主義を否定せられた。そうでないと、本当の神の国運動は出来ないからであった。

次には安息日の問題に対する誤想を一掃しようと計られた。日曜日だけを特別に清いように考えたり、他の日はどうでもいいが、聖日だけは、一つ魂の洗い替えをしようと考える。これは、一つの、時間的の――あるいは刺激的の偶像主義である。日本の国で、あるいは十七日であるとか、大師信者が二十一日を祭るのもこの一種である。何か、この日だけは特別に天が晴れてでもいるように考えるのである。そして、神がこの日に特に平常よりは濃密に臨在するように考えるのである。イエスは、この時間的偶像を破壊せぬと「神の国」は来ないと考えられた。それでイエスは、死を賭して時間的偶像主義にぶつかったのであった。

即ち、イエスが破壊しようとせられたのは、第一に、神殿主義であった。イエスは、ヘロデ大王が起工して、四十六年かかってまだ竣工《しゅんこう》しないというエルサレムの大神殿を見たとき、ヘロデの人物を考えた。ヘロデは、決して敬虔な心でこの神殿を建てたのではなかった。彼は、イズミヤ生まれの野心深い男で、マカベア王朝を転覆して、自らユダヤの王になった。そして妻君を何度も替え、不倫暴虐の限りを尽くした男である。何でも、妻君の父が卑しい身分であったのを、祭司の位に取り立てたので、舅《しゅうと》に威厳を添えるために、エルサレムの神殿の再建を思い立ったのだと思われるのである。しかし彼は、一人の神様のためにこの宮を建てたばかりでなく、ロードス島では、ギリシャの恋神のためにも社殿を献じているのである。イエスは、先ずこの空間的偶像主義の表象を否定しなければ、真の神の国は来ぬと考えられたのであった。それで、彼は、「汝らこの宮をこぼて、われ三日のうちにこれを起こさん」と言われた（ヨハネ伝二章一九）。

エルサレムの神殿は実に膨大な、何でも建築費に二億円（現在五〇〇〇億円位に相当か）を要したというギリシャ式の大理石づくめの大殿堂であった。

イエスのこの態度はただ、伝統的に神殿を中心として、「神の国」を考えている者にとって一問題であった。ユダヤ人は、神殿を冒涜したというのでバビロンにまで放逐されたのだと考えたほど、宗教的殿堂主義に囚われていたのであるから、イエスは充分に危険思想家と見られる資格があったのであった。

第二の問題は、安息日問題についてであった。当時、エルサレムには、シャンマイ（保守派）とヒレル（自由派）の二学派があって、この問題に関して激しい論争を重ねていた。（本書の五二頁「神の礼拝と形式主義の拒絶」の項参照）

イエスは、「我が父はつねに働きたもう」と言われた。もし神が労働を止めたらその刹那に宇宙は崩壊するといった調子で、この問題に対して急迫せられたのであった。

生命と我と神とをシッカリと見ない宗教は、いつでもこの偶像主義に堕落しやすい。そして少しも文化的にも、表現的にも徹底しないものである。もし、イエスのような語調で、「今日の日本の国に五万何千の神主は、訳の分からぬいい加減のことをしている」などと言ったら必ずひどい憤激を受けるに相違ない。だから、イエスはこの安息日問題に対する態度だけでも実に危険人物中の危険人物と考えられる価値があった。

社会全体が、先ずこんな空気であったのだ。上述の三問題――(1)神殿否定と(2)安息日制度破壊と、及び、(3)メシア自覚の三問題が、イエスをして、ついに十字架に登るべく余儀なくさせたのであった。

イエスはメシアの自覚にはいった。そして「我来たりしは人を救わんがためである」と宣言された。人を救う、王様でも救うという考えは、ローマ帝国においては許すべからざる不敬思想であるとせられた。世界において真に王という考えの確立されたのは、ローマの皇帝時代においてであった。即ち、王は神であり、神は王であるという帝王神権説は、ローマにおいて発生したものである。そして王は生きているうちから礼拝を受くべきものと考えたのである。その由来は不明であるが、アウグストゥス皇帝《シーザー》の時代から、王は自分が神であると考えるようになった。ネロのごときは、三十何丈もある自分の木像を宮廷の入り口において人民に礼拝させたものである。

最大の不敬事件

日本でも、例えば、本願寺の法主を〝生き仏〟と考える時代には、直にこういうことが始まるのである。民衆というものには、また、そういうことを好む質があって、短時間のうちに非常な堕落が始まることがよくあるものである。殊に偶像主義の盛んな日本ではこの危険が多い。穏田の〝生き神〟とか、横須賀の〝生き神〟さまと称する宗派のごときがその例である。宗教意識が混乱してくると、危険性を帯びた極端な神秘主義が流行するものである。

ローマ時代がそれで、一方に非常に厖大《ぼうだい》な権力が発生すると共に、人間と神との区別が曖昧になって、カイゼル礼拝が始められたのであった。イエスがかかる時代に、メシア（キリスト）として、神から遣わされた第一人者として、自覚された時に、カイゼルと権力争いをするという危険性があった。そして、イエスがカイゼルに対する逆臣として考えられたことは決して無理のない事柄であった。それで「神の子」の自覚にはいったイエスは不敬罪の名目のもとにピラトの前に突き出されたのであった。それは充分理屈のあることであった。鵜澤（＊）博士は、「世界の宗教運動史で不敬事件に関係していないものはひとつもない」と言われたことがあるが、世界史上、最も恐ろしい不敬事件は、このイエス・キリストの不敬事件であった。イエスの運動は、反逆――ローマの神権説に対し、ユダヤの宗教的伝統に対し――と同一視せられ、ついに十字架の宗教が発生したのであった。

人格的白血球運動

イエスの宗教は、十字架教即ち、救済宗教である。それは瞑想と祈祷とを一つにした行動宗教である。祈りつつ歩み、かつ、神に要求しては力を与えられ、さらに新しい愛の行動に移っていくというのが、イエスの宗教であった。それは即ち、自分を傷つける社会へ膏薬を貼り包帯を施すところの行動宗教である。自分一人だけが祈りのうちに「神は愛なり」と謳《うた》っていたら、自分だけはそれでよくても、他人は依然として困っている。イエスは自分で――かの善きサマリア人のごとき他人に膏薬を貼るということ、そのことが祈りであるとせられたのである。

宇宙の法則の中に――九十九匹の羊を棄てても、ただ一人の迷える者を回復するために自ら進んでその犠牲になるという――一つの補償作用がある。宇宙意志のうちに――身体に異常が起こって有毒物がある箇所に出来ると、無数の白血球がその箇所に集合してきて、防御戦を張り、敵と戦い、自らを殺して身体の保全を計る一つの生理的救済作用があるが、それと同じように――苦痛を癒やさんとする法則が実在することを発見して、祈祷と瞑想とを一つにした救済宗教を確立されたのがイエスの宗教であった。イエスが、

誠にまことに汝らに告ぐ、一粒の麦、地に落ちて死なずば、唯一つにて在《あ》らん、もし死なば、多くの実を結ぶべし。（ヨハネ伝一二章二四）

と言われたのはこの意味である。オックスフォード大学教授エドワード・ケヤーバはその著『宗教哲学』の中に、「ここほど宗教の奥義を我々に示したものは外にない」と記している。イエスは、万人を万人救おうとは言わなかった。百分の一だけを――「病ある人」「罪ある人」を私は救う。自己完成、自己実現を叫ぶ「健やかなる者」はキリスト教に用事がない、とイエスは言われた。

私の一生の研究題目は、「宇宙悪」の問題であるが、十六歳の頃からこの問題が私を捉

えた。そして、私は、悪の方面から宇宙を研究した時に、悪を跳ね返して進む力が、その中にあることを発見したのである。

　宇宙には大きな秘密がある。私が弱者貧民のために生命を棄てるその中に私は一つの宗教を発見したのである。十字架の精神！　何よりも第一にこれを解明してこれに生きることが急務である。即ち、イエスは単に宇宙悪に対しての挑戦者であったのみでなくして、苦しめる者は繃帯し、痛める者を癒やす人格的白血球運動者として自らの使命を自覚せられたのであった。

　単なる自覚宗教は、往々自覚狂への一楷梯《かいてい》に過ぎぬことがある。私は以下、「イエスの死とその前後」の事情を研究しよう。

第二節　陰謀の進行と死の預言

イエスに対する陰謀

　一体ユダヤの北部ガリラヤは文物制度ともに穏和で陰悪性が少なかったが、ユダヤ方面、殊にエルサレム地方は、すべてが形式的で、パリサイ的で、旧習を重んじ、宗教を暦で計算するような間違いをしていた。イエスの弟子が安息日に野道で麦の穂をつんで手の掌《ひら》で揉《も》んだのを「挽臼《ひきうす》」で挽いたと同じ労働だとして攻撃するほど、それほど、宗教そのものが外面的儀式的であった。イエスはもちろん、かかる表面的皮相的儀式宗教に対して、鋭く内観的宗教を説かれたのであった。このために、形式宗教に凝り固まった時人（同時代の人々）との間に徐々に反目が起こったのは当然であった。

それで多分、ユダヤからは、イエスの伝道中心地のカペナウムへ、「イエスの宗教問題思想問題調査委員」が派遣せられて、その結果、エルサレムの宗教閥のその筋へは、イエスはどうも危険思想家だというような報告が幾度か達したものであろうと考えられる。それにイエスのメシア問題に関して、パリサイ派は政治家のヘロデ・アンティパス一派と握手して、イエス暗殺の運動を促進したのであった。ある人は、ヨハネ伝は余りにイエスの自覚が強いからと言って信用しないのであるが、これらの陰謀の計画の進行を最もよく報告しているのはヨハネ伝で、前後八回にわたって記している。殊にユダがイエスを売るに至った事情などは、他の福音書では分からない。

イエスを殺さんする計企

(1) 安息日問題にて殺さんとす……マタイ伝一二章一四、マルコ伝三章六

(2) メシアについて………マタイ伝二二章四六、マルコ伝一一章一八
(3) パリサイ派の議決……マタイ伝二六章四、マルコ伝一四章一

ヨハネ伝における陰謀

(1) これによりてユダヤ人いよいよイエスを殺さんと思う。……五章一八
(2) この後イエス……ユダヤ人の殺さんとするによりて、ユダヤのうちを巡ることを欲したまわぬなり。……七章一
(3) これは人々の殺さんとする者ならずや……七章二五
(4) しかるに汝らは、今神より聴きたる真理を汝らに告ぐる者なる我を殺さんと謀《はか》る。……八章四〇
(5) ここに彼ら石をとりてイエスに擲《なげう》たんとしたるに……八章五九
(6) ユダヤ人また石を取りあげてイエスを撃たんとす。……一〇章三一
(7) サンヘドリンの決議……一一章五三
(8) イエス捕縛令……一一章五七

ヨハネ伝五章一八節には、イエスの犯罪――神と自らとを一つにした――に対して、もはや執行猶予も不可能だというので、「ついにいよいよイエスを殺さんと謀る」とある。

そしてついにイエス逮捕命令が出て、イエスの首に対して銀三十の懸賞金の発表があった。それはちょうど今日支那で、南北両派が各々敵方の首領の首に何万元という懸賞金を賭けて暗殺を奨励するような調子であったかとも考えられる。そして町々村々にこの召捕令の禁札が立てられた。イスカリオテのユダはこの命令に誘惑を感じたのであった。

祭司長・パリサイ人らは、イエスを捕らえんとて、その在処《ありか》を知る者あらば、告げ出づべく予《かね》て命令したりしなり。(ヨハネ伝一一章五七)

これは、ユダヤの宗教会議であるサンヘドリン(七十人議会)の決議であった。当時ユダヤはローマの属国であったので、サンヘドリンの以外に司法行政の最高会議は別に設けられてあったのである。

こんな風であったからして、イエスが死を覚悟したのは当たり前であった。エルサレムへ乗り込んだら必ず殺されるに定まっている。しかしイエスはそのことを充分予感しながらも堂々とエルサレムへ乗り込んだものであった。

ユーセビウスはその『教会史』の中に、「ヨハネは黙示によって、他の福音書の不足を補足して書いた」と言っているが、ヨハネは不思議に、官辺の内情によく通じていた。それは多分、ヨハネが以前漁師として、ガリラヤ湖で捕れた淡水魚を担って十六七里あるエルサレムまで商売に出掛け、しばしば、アンナスやカヤパの家へご用聞きに寄ったことがあるためであったかも知れない（ヨハネ伝一八章一六）。それで、彼は、エルサレムの事情にも詳しかった。もしヨハネ伝がなかったら、イエスの死に関して官憲の方面の消息は充分分からないのである。

ユダ離反の理由

どうしてユダはイエスに躓《つまず》いたか？　それは、ユダとイエスの「神の国」の見解が根本的に異なっていたからであると思う。元来、イエスの「神の国」というのは、イエス自身が王となって権力を揮《ふる》う「地上の王国」ではなかったのだ。イエスの王国は、倫理的、宗教的、社会的の「神の国」であって、成長、発達、生育、進化をその法則とする時間の上に立つ聖国《みくに》であった。ところがユダによると、神の国の来臨は、サンジカリスト的（急進的）に、革命か何かで、全世界が一度にひっくり返り、地上の万人が万人一度に救われるという、カタストロフィー（破局、激変）であった。これは天地の立て直し、建て替えがすぐ来ると信ずる大本教式の思想である。それでユダにはイエスの救済宗教の真意がどうしても了解されなかった。それで彼は、「神の国」の来臨を促進させようという考えから、最後の手段を執ったものであろうと考えられるのである。

ところがイエスの所信は前述の考えと正反対であった。彼は、百人を百人皆救おうと考えなかった。メシアは百分の一、罪ある人、病ある者を救うものであった。イエスは「傷《いた》める葦を折ることなく、煙れる亜麻《あま》を消すことなき」メシア——人を救う者——であった。イエスは言われた。「幼児を我に来らせよ」「大ならんとする者は人の足を洗え」……悪人は天地の建て替えをやって一度に亡ぼしてしまえ、武力と暴言とで社会革命をやれ、という考えを全く裏切って……「一人の小さき者の亡ぶるは我が父の旨にあらず」「人の子は人の命を滅ぼすために来らず、ただこれを救うためなり」…………一人一人を拾い上げつつ、自らは一粒の種となって、生命をすり減らしつつ「いと小さき者の一人」を救うというのが、イエスの極力、言葉、行動に表現したところの宗教であったのだ。

イエスを売ったユダには、これが分からなかったし、今日の多くの人々にもこのイエスの救いの宗教が不可解である。「神その子を世に遣わしたまえるは、世を審《さば》かんためにあらず、彼によりて世を救われんためなり」。あたながたが救われたならば、あなたはさらに、また一人のキリスト——人を救う者——でなくてはならぬ。いつまでも宿かりのように貝殻の奥へすくむことばかり考えていてはならない。十字架の言——イエスの救済宗教——は、亡ぶる者には愚かなれど、救わるるものには神のダイナマイト Dynamis だとパウロが解釈しているのは、この救いの宗教の奥義である。

イエスの死の預言

ヨハネは官辺の内情には明るかったが、イエスの方面の消息を詳細に伝えるのは、マルコ伝である。

イエスは早くから死の予覚をもっておられた。古来、良心の麻痺した現状を更改して、新しい「人格的世界」を造ろうと試みる人があれば、必ずその人は、時人の一般から危険思想視されてきたものである。

今日、元勲《げんくん》として仰がるる人々も、明治維新の際には、危険人物として、幾度か生死の巷《ちまた》を通って来た人々である。

「彼の魂は進み行く」という歌で有名なジョン・ブラウン（＊）は、黒奴解放のために運動したという廉《かど》で、コネチカットキリスト教会から、破門されたのであった。死を覚悟せずして昔から一つとして、改革運動の成就した例はない。

イエスはマルコ伝だけでも、十数回にわたって間接直接自らの死について預言をしていられる。

イエスの死の預言

1　死の預言……………マルコ伝八章三一

2　十字架の教訓……………同三四

3　聖書と死の予覚……………九章一二

4「我といつまで汝と共におらんや」……同一九
5 死の預言……………………………同三一
6 十字架の教訓………………………八章三四
7 死の預言……………………………一〇章三二〜三三
8 飲むべき杯…………………………同三八
9 葬式の準備…………………………一四章八
10 贖いの血と死の予覚……………同二四
11 軍人イエスを嘲弄す……………一五章一六、マタイ伝二七章二七〜三〇、
ヨハネ伝十九章一
12 ピラト最後に許さんとす………ヨハネ伝一九章四〜一五
13 十字架………………………………マルコ伝一五章二〇、マタイ伝二七章三
一、ヨハネ伝一九章一六

イエスはある時、高山の頂きで祈られた際、非常な宗教的経験の高潮に達せられた。その時エリヤとモーセがイエスと会話したと記されている（マルコ伝九章二〜一三）。モーセはシナイ山上で神と面接して律法を伝えられたという偉人であり、エリヤは偶像

教の破壊者であって水の上から昇天したという預言者宗教の確立者である。イエスはかかる宗教的高揚を深く味わわれて、神に宇宙を救う意志があることをしみじみと実感されたのであった。そしてその時一層鮮やかに自らの運命を明らかにし死を覚悟せられるのである。

マルコ伝をこの方面から研究すれば、イエスの心にこの覚悟と予覚とが層一層強調されてくる工合がよく分かる。

マルコ伝一四章には、ある女がナルドの香油の入れてある石膏の壺を毀《こぼ》って、イエスの頭からぶっかけた記事が出ている。イエスはその時、この所業を非難した人々に答えて「この女は善い事をしたのだ。私の葬式の準備をしてくれたのだ」と言われた。これは楽天家のイエスの言葉としては少し妙に聞こえる言葉である。

イエスの贖罪の意味

イエスは、十字架に処刑せらるる前夜、弟子達と共に名残りの晩餐をせられた。

それはイエスの生涯において最も印象の深いシーンの一つであった。

日暮れてイエス十二の弟子とともに往き、みな席に就きて食するとき、言いたもう、「まことに汝らに告ぐ、我と共に食する汝らの中の一人、われを売らん」。弟子たち憂いて一人一人「われなるか」と言い出でしに、イエス言いたもう、「十二のうちの一人にて、我と共に鉢に浸す者はそれなり。実《げ》に人の子は己につきて録《しる》されたるごとく逝くなり、されど人の子を売る者は禍害《わざわい》なるかな、その人は生まれざりし方《かた》よかりしものを」

彼ら食しおる時、イエス、パンを取り、祝して割き、弟子たちに与えて言いたもう、「取れ、これは我が体なり」また酒杯《さかずき》を取り、謝して彼らに与えたまえば、皆この酒杯より飲めり。また言いたもう、「これは契約の我が血、多くの人のために流す所のものなり。まことに汝らに告ぐ、神の国にて新しきものを飲む日までは、われ葡萄の果《み》より成るものを飲まじ」(マルコ伝一四章一七〜二五)

ここは罪の問題が出るとき、よく引照せられる個所であるが、我々は、この言葉をどう解釈するのが正当であろうか。ある人はイエスによる救いを「人格的感化説」——例えばサバテーのごときは「感化的贖い」を説く——で説明し去るのである。はたして感化説でもって、キリスト教における救いの経験とその心理が説明出来るであろうか。

パウロはイエスの十字架を深刻に解釈した第一人者であるが、彼は先ず次の五通りにイエスの十字架の贖いを解釈した。

1　軍隊的に見たる和睦 Reconciliation として（コリント後書五章一八～一九、ロマ書五章一一）

2　商業的に見たる贖い Redemption として（コリント前書六章二〇、七章二三、ガラテヤ書三章一三、四章六、ロマ書三章二四、八章二三）

3　法律的に見たる赦免 Forensic として（ロマ書五章一二～二一、コロサイ書二章一四）

4　祭典的に見たる犠牲 Blood として（ロマ書三章二五、コリント前書一一章二一、コリント後書五章二一、その他ガラテヤ書）

5　一般的受難者 Sufferer として（ロマ書五章六～八、八章三二、一四章一五、コリント後書五章一四～一五、ガラテヤ書二章二〇、テサロニケ前書五章一〇、テトス書二章一四）

パウロは以上五通りの解釈を通じて、イエスの「死」に近づいて行ったのである。

註・贖罪思想については、拙者『人間苦と人間建築』中の「キリスト教における救いの経験とその心理」及び、『人間として見たる使徒パウロ』第五章「信仰の聖域」のその項を参照せられたし。

それはまた他日に論ずるとして、「病ある人」「罪ある人」……亡びた腐爛した人間に向かって、いくら人格の感化を説いてもそれは無用である。

さらばイエスの「これ契約の我が血、多くの人のために流す所のものなり」といった意味をどう解釈したらいいであろうか。

私は次にようにイエスの十字架の意味を解釈している。これは兄が弟の罪のために煩《はん》悶《もん》して「これはお前のために……弟の罪のために……流す血だ」というのと同じ心理である。弟のためにする兄の赦罪の煩悶、ここに罪の贖いの意味がある。イエスには、罪はメシア（救主）が万民に代わって天父にお詫びすべきものであると考えられたのである。イエスは福音宣伝者として、天父の限りなき愛とその至らざるなき恵みを伝えられた。しかしイエスの考えた天父の愛は、そこに止まるものでなかった。メシアを立てて人間の罪を贖うことまで考えたもう人性の機微に触れたこともなさるのであった（ヨハネ伝三章一六）。

救済宗教の奥義は結局、血の問題——葡萄の幹と枝との間柄のごとき、有機的の関係である。下層社会にはまだ今日この「血の啜《すす》り合い」が残っている。善人を善人にする——孔子は女子と小人養い難しと言った——のには、イエスの行き方は不必要であるかも知れぬ。しかしながら、人間悪のどん底に沈殿して苦悩する罪ある人をも救おうとして、堕落した社会の真中に飛び込んで行って死ぬというのが、イエスの確立した救済宗教であったのだ。だから我々がかかる経験をする時に初めて我々にも、イエスの死の意味、殊にその万民のために煩悶してくれた心持ちが如実に分かってきて、イエスの受難が贖罪であることが自らに明白になるであろう。

第三節　イエスの審判と処刑

祭司庭にての審判

イエスは泥棒を掴《つか》まえるごとくして逮捕された（マルコ伝一四章四八）、私にもこの経験がある。今日の官憲がやはりそうであって、思想問題であるものをまるで泥棒のごとく取り扱って検束するのである。イエスは祈っている最中にユダが連れて来た一小隊のローマ兵によって捕らえられた。ユダにも同情すべき点もあろう。しかし、彼には誤診があった。ダンテは地獄のどん底にユダを置いているが、最も愛する者が裏切ることほど、我々に苦痛を与えるものはない。ストライキの場合、同志が資本家に買われて、内輪からして裏切り者が出ることがある。真剣に戦える同志になって見れば、これほど、無念なことはないのである。イエスの弟子達はユダの所行を欲心からしたのだと解釈しているが、彼はそう思われても仕方がなかった。

エデルシャイムの研究によると、エルサレムの神殿のうちに、燔祭《はんさい》用の牛や馬を繋ぐ所があった。市価で数円位で買えるものを、祭司が烙印を押した動物でないと功徳がないというので、数倍高く売って祭司達は供物のモノポリー（独占）をやっていた。それで、供物用の動物の価格が自然釣り上げられた。イエスはこの事を感知していから、「神の殿は商売する処ではない」と言って、制裁を加えられた。神の礼拝を一つの商売取引としている者に対してイエスが――イエスとしては過激見える――制裁を加えられたのは当たり前のことである。それでアンナスや、カヤパのような権力階級は、イエスが生きている間、そして、彼がメシアを自覚している間、俺達の儲けはないというので、非常にイエスを憎んだのであった。イエスは、このアンナスとカヤパの前で先ず裁判を受けられた。

イエスの審判

1 アンナスの前にて

ここにかの兵隊・千卒長・ユダヤ人の下役ども、イエスを捕らえ、縛りて、先ずアンナスの許に曳《ひ》き往く、アンナスはその年の大祭司なるカヤパの舅なり。（ヨハネ伝一八章一三）

2 カヤパの前にて

人々イエスを大祭司（カヤパ）の許に曳き往きたれば、祭司長・長老・学者ら皆集ま

る。（マルコ伝一四章五三）

3 サンヘドリン（ユダヤ人議会）全員七十一人出席調査（常任は二十三人）証拠不充分

4 ペテロ主を拒む

イエスは大祭司に調べられたが証拠が不充分であった。ユダヤには面白い法律があって、キャピタル・クライム（死刑）に処するには、二人以上の証言がなければならなかった。祭司長はじめ、議員たちは何とかしてイエスを殺そうとして証言を求めたけれども得られなかった。偽証を立てる人々があったが、もちろん、合うはずはなかった。その時たまたま、「この人は、『われ神の宮を毀《こぼ》ち、三日の間に手にて造くられぬ他の宮を建てん』と言えるを我らは聞けり」と二人以上が立証したが、イエスのその言葉の意味は、ヘロデの建てた神の宮に向かって「この聖殿《みや》を毀《こぼ》て」と言われたのか、それとも自身の肉体を指してそう言われたか、証拠不充分であった。イエスはこの時大祭司の訊問に対して沈黙していた。次いで、大祭司は「なんじは頌《ほ》むべきものの子キリストなるか」と訊ねた。イエスはこれに対して「しかり、汝ら人の子の、全能者の右に座し、天の雲の中にありて来たるを見ん」と答えられた。それでついに死に定められたのであった。

このとき大祭司おのが衣を裂きて言う、「なんぞ他に証人を求めん。なんじらこの涜《けがし》

言《ごと》を聞けり、いかに思うか」。彼ら挙《こぞ》りてイエスを死に当たるべきものと定む。（マルコ伝一四章六三〜六四）

イエスが大祭司の訊問に対して、黙して何も答えなかったというのは面白い。裁判官の訊問に対しては、ハッキリしたことを短く言うか、全然沈黙しているかが賢明な態度である。イエスは、ユダヤ人には、裁判執行権が無いから答える必要が無いと考えられ、それにまた自分は公明正大な行動をとっているから、わざわざ今さら受け答えするに及ばぬと思われたからであろう。（マルコ伝一四章六一）

イエスはカヤパの家の庭で夜通し裁判を受けられたが、その模様は今日の法廷と同じことで弁論も行なわれ、傍聴人もいたのである。しかしこの裁判は私的裁判であって、いくら判決を下してもその執行権は与えられていなかった。それで、イエスは、ローマの法廷——ピラトの許へ送致されたのであった。ペテロが、鶏の鳴かぬ前、三度もイエスを拒んだのは、この裁判の開廷中の出来事であった。とにかくイエスの裁判の時間は短かった。その時の事情を考えると、どうも裁判官はイエスに無理やりに自白を強要して死刑に処したようである。裁判精神病理学からいえば、これは不穏当な卑劣のやり方である。

イエスの告白の危険性

イエスは「我はキリスト（神の子……世を救う者）である」（マタイ伝二六章六三）と答えたというので、即ち思想問題でもってついに当時の極刑に処せられたのであった。それだけの理由は充分にあったのだ。実はこの思想は案外危険なものである。神が神だけでおり、人間が人間だけでおるならば、少しも危険では無い。チャールズ・ダーウィンは猿が人間になると言っただけで、その頃の正統派の教会と称するものから地獄の子のように言われた。まして今から二千年前にナザレの大工が、神の子となれると叫び、かつ人間が神になる（ヨハネ伝一〇章三五）、と宣言した時に危険人物中の危険人物として磔殺せられる価値は充分あったのである。その当時王と神とは同一質に考えられていた……支配者なる点において。しかし支配者としての王は支配者としての神以上に出ずることは出来なかったが、イエスの神は大工の神――生産者の神、創造者の神であった。この神は労働者であって支配者ではないという思想は、実に革命的な思想であった（ヨハネ伝五章一七）。イエスの直観の神はあまりに生き生きした神であった。そして神が人間に乗り移って創造の道程に何のわだかまりも無くなるようになるのであった。これは、ユダヤ人の神からいえば退化であり、神の相場の下ることであった、そしてここに危険性が伏在していた。神が人間になることは堕落である。しかしイエスは聖書の文句の中の妙な言葉を引用してそんなことを説いた（ヨハネ伝一〇章三四〜

三八)。

こんな危険なことをいう人間は許すことが出来なかったろう。それは超自然と自然と、絶対と相対と、敬虔と不虔と、俗事と宗教とを全く混同したものである。で、イエスにおいては宗教が全く堕落した形で現されたと考えたろう。とにかくこの大工は疑問の男であった。今までの相場の価値の標準では判断が出来ないような宗教を世界に提出した。今一つの理由は、皆が皆真に自由な権威ある個性となる(即ち、神の子の自覚にはいる)ことがデモクラシーの根本で、かつ聖パウロのように「われ実に汝らが王たらんことを望む」(コリント前書四章八)と、万民に期待するのが基本義であるが、もしイエスが神の子だと、他の人が——神と同一質に考えられていた人が——神の子でなくなる。ここが危険視せられやすいところで、そしてイエスが罪なくして、罪に問われる所以であった。

ピラトの審判と裁決

ピラトは、サンヘドリンからイエスを送致してきたので止むなく公判を開いたものの、果たして罪科を構成していたかどうか不明であった。それで彼は最初からこの告訴をあまり喜ばなかった。

ピラトは元来スペイン人である。彼の父がローマに対して勲功があったというので初めてバロン位の爵位を授けられて、ティベリウス大帝の補佐役に取り立てられた。そしてまた、ティベリウス帝の寵妃《ちょうき》というのが放蕩でついに離婚せられたが、その女が私生児を生み、その私生児の息女の婿がこのピラトであったのだ。それで、ピラトの妻はいわばティベリウスの孫娘に当たるわけである。そんなわけでピラトは殊遇を受け、特に許されて細君同伴でユダヤの知事（総督）として赴任したのであった。ピラトはキリスト教側の人には、割合評判がよかったが、歴史的記録によるとあまり感心した人物ではない。彼は連隊旗にティベリウス帝の印をつけて、エルサレムへ持ち込み、あるいは宮の献金を掠《かす》めたこともある。また、ゲリジム山上で、サマリア人が礼拝しようとしてワヤワヤ言っていたのを謀反だと誤想して軍隊を差し向けて殺戮した。そんなことで人望を失った。彼の最後の失敗はガラテヤ人の血を犠牲に混ぜたことであった（ルカ伝一三章一）。

ピラトはエルサレムへ水道を建設した功もないではないが、その他に色々の失政があって、紀元三十六年には、ローマへ召喚された。その後に、スイスの方へ流浪したとの話で、ゼネバ湖（ジュネーブのレマン湖）へ投げ身して幽霊になって出たという伝説がある。ゼネバ湖畔には今日ピラト山という山がある。イエスを審判したピラトはこんな性行の男であった。

ピラトの裁判

1　ピラト告訴を喜ばず……マルコ伝一五章一、ルカ伝二三章一、ヨハネ伝一八章二八

2 イエスに対する論告……ルカ伝二三章二

3 ピラトの裁判――イエスの告白……マタイ伝二七章一一、マルコ伝一五章二、ルカ伝二三章三、ヨハネ伝一八章三三～三八

4 ピラト、イエスを赦す……ルカ伝二三章四、ヨハネ伝一八章三

5 再び訴える……マタイ伝二七章一二～一四、マルコ伝一五章三～五、ルカ伝二三章五

6 ヘロデに送らる……ルカ伝二三章六～一二

7 再び赦さる……ルカ伝二三章一三～一六

8 祭司、民衆を扇動しバラバを赦せと言う……マタイ伝二七章一五～二二、マルコ伝一五章一〇～一五、ルカ伝二三章一八～一九、ヨハネ伝一八章三九

ピラトの妻イエスを赦せと言う……マタイ伝二七章一九

9 民衆、イエスに反対す……マタイ伝二七章二四～二六、マルコ伝一五章一五、ルカ伝一、二三章二〇―二三

10 イエス罰せらる……マタイ伝二七章二二、マルコ伝一五章一二～一四、ルカ伝二三章二四、ヨハネ伝一九章一

ピラトにとっては、安息日をイエスが犯そうが、神殿の神聖を冒涜しようが、別に大した問題ではなかった。民衆は、イエスをピラトの許へ連れて行って「この人は、民を誘惑扇動して税金をカイザルに納めることを拒み、自ら王なるキリストと称えるのを見た」と言って告訴した。当時、非税主義運動が盛んであった。それで民衆はイエスを非税主義者の一人として訴え出たのであった。

それでピラトは「汝はユダヤ人の王なるか」と言って訊問した。イエスはハッキリと「汝が言えるが如し」と答えられた。ピラトはしかし格別にそれを罪とは見なかった。それで、祭司の長達及び民衆に向かって、彼は「我この人において罪あるを見ず」と言って、不起訴にした。ヨハネ伝で見ると、イエスとピラトとの審判廷における問答が一層詳密に記されている。

ピラトまた官邸に入り、イエスを呼び出して言う、

ピラト「汝はユダヤ人の王なるか」

イエス「これは汝おのれより言うか、はたわが事を人の汝に告げたるか」

ピラト「我はユダヤ人ならんや、汝の国人・祭司長ら汝を我に付《わた》したり、何をなししぞ」

イエス「わが国はこの世のものにあらず、もし我が国この世のものならば、我が僕ら

我をユダヤ人に付さじと戦いしならん。されど我が国はこの世よりのものならず」
ピラト「されば汝は王なるか」
イエス「われの王たることは汝の言えるごとし。我これがために生まれ、これがために世に来たれり。即ち、真理につきて証せんためなり。すべて真理に属する者は我が声をきく」
ピラト「真理とは何ぞ」
かく言いて、再びユダヤ人の前に出でて言う、「我この人に何の罪あるをも見ず」
（ヨハネ伝一八章三三〜三九）

イエスはピラトの訊問に対して「我は王なり……我が国はこの世の国にあらず」と明答せられている。その意味は？　イエスの国は時間の上に伸び上がる「生の世界」生命の飛躍の世界であって、瞬間も停止せず、いつでも理想を夢みる新しいユートピアの世界であるとのことである。

さて、ピラトはイエスを一旦赦したものの再び民衆が告訴したので、そのガリラヤ人である由を聞いて、アントニアの官邸からイエスをヘロデの許へ護送したのであった。

イエスがピラトの審判を受けた官邸というのは、神殿の北西境にあったアントニア陣営であったろうと思われる。ここは、ローマの知事の官邸に用いられて、護衛兵が常に駐屯していた。そして塔の上からはエルサレム神殿の全部が監視出来るのであった（使徒行伝二一章三四参照）。

エルサレムの神殿は東向きに建てられていた。その理由は、異教徒が礼拝する太陽に対して背面を向けるためであった。

ヘロデ・アンティパスは、ピラトからイエスを護送されたので大層喜んで接見した。それは、イエスに関して今まで、種々の噂を聞いていたので以前から一度会いたいと思っていたためであった。ヘロデはそれで、イエスに対して多くの言をもって訊《き》いたけれども、イエスは、何一つヘロデに対しては答えなかった。ためにヘロデはその士卒と一緒になって、散々イエスを嘲弄して、またまたアントニアの陣営へ送り返して来たので、ピラトは、止むを得ず再び審判の座にすわった。その時ピラトの妻が使いをもって、「かの義人に係わることをすな、我今日夢の中にて彼のゆえにさまざま苦しめり」と言ってきた。ピラトの妻君はティベリウスの孫娘に当たっているが、どうしてそんな貴顕の間へまで、キリスト教が食い入っていたかというのに、それには理由がある。ヘロデ・アンティパスの家令クーザの妻というのは十字架の時にもイエスを棄てなかった熱心な信者であって、彼女はかつてその子をイエスに癒やしてもらったのが縁になって信仰にはいったものと考えられるが、この大臣夫人と交際のあったユダヤ総督ピラトの夫人は、あるいはすでにその感化を受けて多少ともイエスの教えに好意をもっていた人であったかも知れない。それでわざわざ夢にこと寄せてイエスを赦そうと骨折ったのであったかも知れぬ。

しかし群衆はどうしてもイエスを赦そうとせぬ。それでピラトは、「イエスは全く無罪であるからして、四十に一つを減じた笞刑だけで釈放しよう」と群衆に計った。そしてピラトは過ぎ越しの祭りには一人の囚人を釈放する慣例に従って、イエスを赦そうと考えたところが、祭司は民衆を扇動してバラバ（その時監禁されていた有名な人）を釈《ゆる》すように唆《すす》めた。

群衆というものは殆ど盲目である。扇動者の言に応じて直きに左右せられる。イエスはよくこの群衆真理を知っていた。それで自己を彼ら群衆に託せなかった（ヨハネ伝二章二四）。ピラトが群衆に「二人のうちいずれを我が赦さんことを願うか」と尋ねると、群衆は一斉に「バラバ！」と叫ぶのであった。そして、「さらばキリストと称《とな》うるイエスに我いかになすべきか」と問うと群衆は、異口同音に「十字架に釘《つ》けよ」と叫んだ。ピラトは、いつまでもそんな問答を繰り返していても無益であることを知ったので、水を取って人々の前に手を洗って、「この人の血につきて我は罪なし、汝ら自ら当たれ」と言い放った。これをもってもピラトは意志の弱い優柔不断な男であったことが知れる。

イエスはかようにして、木曜から金曜の朝にかけて夜通し裁判をされたのであった。順序として、私は、イエスの受難週間の出来事をここに揚げよう。何しろ多事な一週間であった。

受難週間

四月二日（日）紀元三十年、ロマ暦七八三年、ニサンの月十一日、凱旋の日（マルコ伝一一章一〜一一）

三日（月）権威の日

四日（火）戦争の日

五日（水）記録無し

六日（木）聖餐、捕縛

七日（金）十字架

八日（土）墓に在りし一日

九日（日）復活

詩のごとく美しい最期

イエスの裁判は即決裁判であった。裁判は午前九時前に終了した。ピラトはバラバを赦して、イエスを鞭《むち》打ち、これを十字架に釘《つ》けんために兵卒の手に付《わた》した。イエスは兵卒達に堪えられない侮辱を受けた。やがて彼は、疲れた足を運ばせてVia dolorosa《ヴィア ドロロサ》の道——カルヴァリへの道を行くのであった。ユダヤの町の道幅は——ローマの都会が皆そうであった——非常に狭かった。イエスは背中一ぱいの大きな十字架を背負ってヘロデ門から（考証学者の説）カルヴァリの丘へと向かった。十字架を背負って行くとき、もし酷《ひど》く疲れて堪えきれなかったら向こうから来る人に渡してもいいという慣例があった。ところが、ちょうどそこへ、アレキサンデルとルポスの父である、クレネのシモンという田舎者が通りかかった。それでシモンは、強いてイエスの十字架を負わせられてゴルゴダへまでイエスの供をした、ところがこの時、強いて十字架を負わせられたシモンは、後にそれがイエスの十字架であったことを知って改心してイエスの弟子となったということである。

磔刑は実に残酷な刑罰であった。紀元前七三年に、スパルタクスが二百人の格闘者の憐れむべき境遇に同情して、暴動を起こしたが、ついにそれに三十万の奴隷が加わって、アルプス山を越えて自らを解放せんと企てたことがあった。が、ついに内部の裏切者が出て成功せず、最後には、六万の奴隷労働者が戦死し、六千人の奴隷がローマ市からカプアまでの間の道（注・アッピア街道）の両側に十字架に釘つけられた。彼らは直ぐには絶息せぬ。大抵三日位は生きている。そしてついに貧血か飢渇の結果、苦悩煩悶をして死ぬのである。

イエスは、午前九時に十字架に釘けられた。十字架の上でイエスの次に七つの言を発せられた。

十字架の七言

1　彼らを赦せ……………………ルカ伝二三章三四
2　パラダイスに在るべし……………ルカ伝二三章四二
3　母の後事委託……………………ヨハネ伝一九章二六
4　我渇く……………………………ヨハネ伝一九章二八
5　エリ・エリ・ラマ・サバクタニ……マルコ伝一五章三四
6　事終わりぬ………………………ヨハネ伝一九章三〇
7　魂を委ね…………………………ルカ伝二三章四六

イエスの両側に同じく二人の者が十字架に処せられたが、彼らは盗人ではなくて多分非税主義者か、税金不能者であったと思われる。民衆に信用のあったことから考えると、バラバもこの種の人間であったかと思われる（マタイ伝一二章七）。

カルヴァリ山は街道筋に近かったので、イエスの十字架の下を人々が嘲弄しつつ来往した。ある者は首を振りながら「ああ宮を毀《こぼ》ちて三日のうちに建つる者よ、十字架より下りて己を救え」と言いながらイエスを譏《そし》り、ある者は、「人を救いて己を救うこと能《あた》わず、イスラエルの王キリストよ、いま十字架から下りよ、さらば我らも見て信ぜん」と罵《ののし》るのであった。イエスはその嘲弄を聞いて、「父よ、彼らを赦したまえ、そのなすところを知らざればなり」と祈られた。

トルストイは、キリスト教の本質は山上の垂訓だと言うのであるが、教訓だけなら誰でもやるのである。支那はこの頃改造時代で、色々の新思想が盛んに称えられているが、北京大学の胡適《こてき》という哲学者は、『中国哲学史』を書いて、孔子はつまらぬがしかし、墨子は偉い、彼の兼愛説は共和政治と適合するところの思想だと言って、墨子をしきりに推賛している。トルストイと墨子の兼愛説とはその愛の徹底を説く点において非常に似ているが、しかしながら、これだけでは足らぬ。トルストイ及び墨子からさらに奥に入ったのがイエス・キリストであった。彼は愛を説くのみでなく、それを実行で表された。いよいよ磔刑にかかった瞬間にかくのごとく「彼らの罪を赦せ」と言える人は、平常から余程の準備がないと到底出来ないことである。全然失敗者だと見えたイエスはその最期において、決して慌てなかった。彼は大きな大きな人類愛の実行者であった。私がイエスに直接に行くのはこの点である。日本で、天主教徒が迫害されたとき、長崎で二十六人の人達が処刑されたが、その中の一人で三木パウロという人は絶息する瞬間まで「人を赦してくれ」と祈って死んだ。この人はローマ教会の聖徒の一人となっている。

しばらくイエスは沈黙しておられた。するとイエスを真中にして両側から罵倒が始まった。

懸けられたる罪人の一人、イエスを譏《そし》りて言う

「なんじキリストならずや、己と我らとを救え」

他の者これに答え禁《いまし》めて言う

「なんじ同じく罪に定められながら、神を畏れぬか。我らはなしし事の報いを受くるなれば当然なり。されどこの人は何の不善事をもなさざりき」

（ルカ伝二三章三九～四一）

私は今まで度たび、ゴロツキを取り扱った。ゴロツキには二種あって、最後の瞬間まで、人を罵倒しても、いよいよという最期には善くなる者がある。またそうかと思うと死ぬ瞬間まで依然として悪い奴もある。十字架の上の悪人というのも、いずれかに各々属する人達であった。一方が罵れば、一方は「黙っておれ！」と言って、キリストを弁護した。そして、イエスに「主よ、御国に入りたもうとき、我を憶《おぼ》えたまえ」と頼むのであった。

死に際して、クヨクヨ思っている人であれば、人から声を懸けられても、面倒くさくて返事もしたくないものである。私はよく人から助けを求められて、たびたび判断に苦しむことである。私は自分の経験から推して、この時のイエスの心をよく推察出来るのである。殊にイエスの勇気を考えるのである。本当に、最期の瞬間まで贖い主であるという自覚があってこそ初めて「われ誠に汝に告ぐ、今日なんじは我と共にパラダイスに在るべし」というような答えが出来たものである。私も、「主よ、どうか私を憶えて下さい」と言いたい。そしてイエスの大きな翼の蔭によることにより、その十字架に充分贖われることを私は信ずるのである。

そのところへ、イエスの母が来られた。十字架の傍に最後まで立っていてくれたのは女の人達であった。

男の人と男の人とが血腥《ちなまぐさ》く、大砲を打ち合っているとき、赤十字の旗を立てて傷病者救済に骨を折るのは女の人である。女の人は女郎買いはしないし、また喫煙者も少ない。女の人は男の人に比べて遙かに道徳的である。女の人全体として犯罪性が少ない。

十字架の許に最後まで立っていてくれたのは、イエスの母と、その友だちとであった。私は貧民窟に居てしばしば母として偉い女の人達に会う。貧民窟で私が尊敬しているのはそういう母達である。母は偉い、昔から母の祈りと愛とによって放蕩息子が改心した例は決して少なくない。

イエスの母マリアは、しかし、実に気の毒な婦人であった。マリアは、イエスの幼時、律法に従って先ず主に献げるためエルサレムの神殿へ行くと、そこにシメオンという敬虔な人がいてマリアに対して「剣なんじの心をも刺し貫くべし」という予言をした。イエスの胸に立つ刃は母の胸にも突きさされるのであった。イエスは生まれ落ちてから、すぐ剣難の相？があった。彼が使命に感じて立った時には、イエスにとって選ぶべき途は十字架の途より外になかった。イエスはその最期の瞬間にもこの母を忘れなかった。そしてその後事を懇々とヨハネに託された。後、マリアはこの弟子の許で養われて、その墓はエペソに在るということである（ウィリアム・ラムゼーの研究）。

次にイエスは、「我渇く」と言われた。ある人はこれを正義に対しての飢渇の意味にとるのである。

第五語はよく非難の論点になる言葉である。加藤弘之博士などが、この言葉（我が神、我が神、何ぞ我を見捨てたまいし）を執《と》らえて、「神の子だって、やはり、困る時には困ると言うじゃないか」と言って、イエスを悪評しているが、これは大きな間違いである。元来この言葉は、詩篇第二二篇の引用句であって、その全文を読めば、イエスの死に関する予言であり、かつ、勝利の詩篇であり、「汝我に答えたまえり」という、感謝の叫びであることが分かる。ただ一節の文句だけ見るのは、間違いである。この詩は我が祈りが神に聞かれたという、むしろ凱歌である。

人類の謎の闇がイエスを襲うたとき、イエスが神と人類との距離を考えてこの言葉を吐かれたのは決して無理ではない。しかし、イエスはこの詩の心を思い出して、「私はメシアとして無残な死を遂げるが、しかし考えるとこれも勝利である」と思われたに相異ない。実際イエスの十字架こそ勝利である。否、義人の受難はいつでも勝利である。

人類の恐ろしい罪悪を見るとき、三千二百万人の血で地球が紅く塗られるとき、もう一度人類をこの恐ろしい淪落《りんらく》の淵から救い上げようとして呻《うめ》いてくれるのは、十字架のイエスだと考え及ばざるを得ない。破壊は誰にでもやれる。しかし、全人類の罪悪をかほどまでに煩悶して、何人がはたして十字架上に死んでくれるであろうか。また少時イエスは沈黙しておられたが、醋《す》を受けて後「事畢《おわ》りぬ」と言われた。これは、すべての事がすんだというのでなく、「事が成就した」It is finished. の意味である。即ち全部、きれいに踏むべき道は踏んだという意味である。ネルソン（＊）がトラファルガルの海戦の時に言ったという「神に謝す、私は私の義務を了《お》えた」Thank God. I have done my duty. 美しい言葉であるが、私はイエスが惨敗に了《おわ》りながらも、「成就した」と言ってくれたこの言葉を有り難く考える。私達の最期もこれであって欲しい。私達も最期の瞬間にはきれいな括《くく》りをつけて父の許に飾りたく思う。

十二時頃から、午後三時に至るまで、遍《あまね》く地上が真っ黒になった。

イエスは、最後に大声で呼ばわって、「父よ、わが霊を御手にゆだぬ」といって、絶息された。イエスはかくて十字架に釘《つ》けられて後約六時間で絶息されたのであった。その時に、神殿の幕が上から下まで裂けて二つとなった。また地震があって磐が裂け、墓が開けたと伝えられている。

死はイエスにとって一つの推移（トランジション）――神へ移ることにしか過ぎなかった。それで、彼は、確実な大銀行に安心して預金するように「父よ！　我が魂を汝の手にあずける」と言われたのである。

イエス・キリストの宗教が伝わって以来、世界の墓標の書き方が変わってきた。エジプトの墓標には、「良心よ、汝の真実を語るなよ、ああ悲しい死よ、オシリスの救いに入れよ」と書いてある。ギリシャのものも悲しい。ところが、キリスト以後、そういう悲しい調子が全く一掃されたのである。

百卒長この有りし事を見て神を崇めて言う、「実にこの人は義人なりき」（ルカ伝二三章四七）

この百卒長は後に改心したらしい。この時見物に集まっていた人々は、皆このありし事どもを見て胸をうって帰ったのであった。

アフリカの伝道者リビングストンは、祈りの最中に、祈りの姿のままで死んだというが、イエスの死はそれ以上に美しい一篇の詩であった。ルナン曰く、「ソクラテスの死が哲学者の死でありとすれば、イエスの死は神の子の死である」と（ルナン『基督伝』の末句）。人はこれをあるいは無用の死だと言うであろう。しかしイエスのこの死ほど動機の美しく聖いものはない。彼は実に神に謝罪するつもりで死んだ。それは宗教的意識が最高調に達した者のみが徹底し得る世界である。

第四節　イエスの復活

甦る心と甦るメシア

弟子らには、しかし、彼の死が何を意味したか少しも分からなかった。ただ彼らはイエスの苦悩が世の罪のためであったくらいは分かったが、その無惨な死で世界が回復出来るとは彼らの信じ得なかったところであった。それで弟子らはイエスが磔刑に処せられると皆声をひそめて故山に逃げ帰った。しかし、葬りの日より三日目、イエスが甦ったという知らせがエルサレム全市民の胸を轟《とどろ》かしめた。そして弟子達の信仰も生活も思想も何もかも一変した。

とにかく、弟子達は、この時ある経験をしたのであった。十組も十一組もの弟子達が復活したキリストを実見したのである。ある人は、そんな馬鹿な事があるかと一概に難ずるのであるが、しかし、キリスト教はこの妙な信仰の上に乗っかっているのである。復活の思想は昔からあったが、確実な復活の経験は――キリストの場合を除いて――一回もないのである。いくらキリストの復活を否定してもイエス・キリストが生き返ったために世界の歴史がひっくり返ったこの事実だけは否定出来ない。その時に最も弱い、つまらない弟子達が最も大なる者として、弱い人間として立ち上がったのである。シーザーの権力をも恐れない、奴隷の宗教団体がこの時以来成立したのである。

いずれにもせよ。聖く死んだイエスは直ちに弟子達の心に生き返ったのであった。その復活がどんな形で来たか私は知らない。聖書が教えるように肉体的のものであっても少しも差し支えない。またそれはパウロがいうような霊体であっても差し支えない。とにかくイエスは真実に弟子達の心には甦った。キリスト教はこれから始まるのである。

迷信と見るならば迷信と見るがいい。イエスの福音はここから世界に布《ふ》れ弘められたのだ。そしてもしイエスの復活を信じることが迷信ならば、一千九百年の歴史と、五億の人はこの迷信に囚《とら》えられていたわけである。この時以来、弟子らはキリスト教の世界的宣伝を始めたのである。そして大きい帝国の（ローマの）破壊後まで残る宗教運動の発端が開始されたのであった。

世界の歴史は常にキリストの復活と共に変わる。歴史の転機には必ずキリストの復活がある。やがて、罪に腐爛せる人類にも甦りの春が来るであろう。殉教者の血が高まる時まで神は待っておられる。うなだれた生活にも、やがてイースターの鐘の音を聞く春が来るであろう。ああ、どんな乱れた国でも慰められよ。聖霊をもって慰められよ。七疋の悪鬼をもった醜業婦マグダラのマリアでもキリストの復活を見たのだ。甦りを信じてはならぬというだけ、それだけ愚かである。イエスは甦りのために甦ったのではない。彼が人類の痛ましい贖罪者であり、罪に傷ついた披者、病者のために、慰めの友となるために甦ったという信念は、観念の中に甦るだけも誠に貴い経験である。とにかく、弟子達の宗教思想はここに一大転機を見た。弟子達は自己が精神的に甦ると共にイエスが肉体的に甦ったと信じた。福音書の記録では、イエスが肉体的に甦ったから弟子達が精神的に甦ったのだと記載されている。

贖罪の完成としての復活

千億万人が死んでゆく中に、イエスだけが死の中から這い出てくることは少しも差し支えのないことだ。松本博士の著書に、あるインドの行者が一年半後に墓から生きて出て来たことが記してある。イエスだけが甦ることが不都合であって、インドの聖者の甦りが嘘であるという理屈も無ければ、イエスだけは罪が無いから、死に勝ったので他の者は必ず死ぬ世界で、イエスだけが甦りの最初であるというのも理屈の無いこともない。しかし信ぜざる人には百万の人々が一度に甦っても信ずる動機とはなるまい（ルカ伝一六章三一）。イエスの甦りの問題は、贖いの事実を完成する新しい力の復活としてのみ人類の心に甦る。私はイエスが甦らなかったと、よう断定しない。今日においては死人の中から復活することは奇跡中の奇跡であるごとく考えられる。しかし私は、死をも破壊する力が無いとは、よう信じない——土から生命を産み得る世界においては——私はむしろ、死人を甦らすくらいのことは天地に満つる万有の奇跡に比しては一些事のように考える。それで私は、甦りを否定する——敢えて否定と言う——勇気の無い者である。

イエスの復活前後の事情は次のごとくであった。

イエスの復活

1　女、墓に行く……………………マタイ伝二八章一、マルコ伝一六章一、ルカ伝二四章一、ヨハネ伝二〇章一
2　地震あり、天使現る……………マタイ伝二八章二〜四
3　女、石の転ぶを見る……………マルコ伝一六章三、ルカ伝二四章二、ヨハネ伝二〇章一
4　天使、女に現る…………………マタイ伝二八章五〜七、ルカ伝二四章三〜七
5　女、使徒に告ぐ…………………マタイ伝二八章八、マルコ伝一六章八、ルカ伝二四章三〜七
6　天使、マリアに現る……………ヨハネ伝二〇章一一〜一三
7　イエス、マリアに現る…………ヨハネ伝二〇章一四〜一八、マタイ伝二八章九〜一〇
8　イエス、女に現る………………マルコ伝一六章九〜一一
9　マグダラのマリア、走りて使徒に告ぐ……ヨハネ伝二二章

＊　＊　＊　＊　＊

10　守衛の報告……………………マタイ伝二八章一一
11　エマオへの途上……………ルカ伝二四章一三～三五、マルコ伝一六章一二
12　エルサレムにて十人に現る……………マルコ伝一六章一四、ルカ伝二四章三六～四九、ヨハネ伝二四章一九、二六
13　ガリラヤにて七人に現る……………ヨハネ伝二一章一～二四
14　ガリラヤにて十一人に現る……………マタイ伝二八章一六～二〇、マルコ伝一六章一五～一八
15　昇天…………………………マルコ伝一六章一四、ルカ伝二四章五〇

イエスの宗教は復活の宗教である。イエスによって、人間は、堕落と極悪の世界から、墓場から甦るのである、私もその力を感ずる。

あなたの石のような頑固な心にも、必ず新しい発酵力が臨む時がある。あなたが罪を更改して立ち上がるとき、ちょうど、カチューシャ（＊）が復活祭の鐘の音に甦ったごとくにあなたの魂にも甦りの春が来るであろう。

九百九十九人が安全である時に、病める人のために悩んでくれるのが受難者の精神である。イエスは健全なる九十九人のためには苦労はしなかった。一人の罪ある人、一人の娼婦のために神のごとき彼の心を痛めた。彼のような人があってくれるのでこの醜《みにく》い人生に慰めの雨が降るのである。五体が傷ついた時白血球が死んでくれて、我々の五体が助かるように、宇宙の中には誰か犠牲になってくれる人が無ければ、罪ある人は救われない。私は涙ぐんでイエスとその死に感謝する。私は私の小さい一生が貧民窟に埋もれることが深ければ深いほど、イエスが私の味方であるように思う。大工イエスは私の先達である。彼は私の救い主である。いや寄る辺なき娼婦、罪人、貧民としての小さい私の友でいてくれる。

第五章　イエスと弟子との関係

イエス山に登り、御意《みこころ》に適う者を召したまいしに、彼ら御許に来たる。ここに十二人を挙げたまう。これ彼らを御側におき、また教えを宣べさせ、悪鬼を逐い出だす権威を用いさするために、遣わさんとてなり。

——マルコ伝三章一三〜一五——

イエス答えて言いたもう、「わが母、わが兄弟とは誰ぞ」。かくて周囲《まわり》に座する人々を見回して言いたもう、「見よ、これはわが母、わが兄弟なり。誰にても神の御意を行なうものは、これわが兄弟、わが姉妹、わが母なり」

——マルコ伝三章三三〜三五——

第五章　イエスと弟子との関係

序　節

個性を研究すると共に、ある特殊な一団の群衆を研究することも必要なことである。大きなローマ帝国が紀元四一〇年、ゴートのキリスト教徒であるアラリック（＊）の侵入以来、崩れかかったとき、［教会の］その後をそのまま受け継いだのは監督レオ一世であった。そしてそれ以来、これまで虐げられて、土鼠《もぐら》のように穴の下に潜んでいたイエス・キリストの小さいグループがローマ帝国を支配するようになったのであった。

私は、イエスの弟子達のグループというものの性質は如何なるものかを研究したい。イエスの弟子に対する関係は、不思議にも、他の教育者の執った方法とは違っていた。第一イエスには学校がなかった。特定の教科書もなかった。もちろんイエスは実験室を持たなかった。イエスの弟子は極めて少数であった。イエスは、これら少数の弟子達を、個人的に群衆的に、あるいは屋内で、あるいは自然の教場において訓練せられたのであった。そして、ついにはこの小さい、しかも無学な弟子達のグループが、恐ろしい一つの勢力となったのであった。

イエスは「もし汝らのうち二人、何にても求むることにつき地にて心を一つにせば、天にいます我が父はこれを成したもうべし」と言われたが、イエスの死後エルサレムに集まっていた百二十人の弟子は充分に世界をひっくり返すだけの力を有したのであった。

今日、よくロシアの革命の後を継ぐものは、十五万の共産党の団体のみであると言われている。

欧州が潰れた時に、それを受け継ぐ一つの力は、イエスの弟子達のグループを除いては外に無い。他のすべての団体が私利と私欲とによって潰れていくとき、その後継者として充分の力をもつものは、パンと物資とに依らない、イエスの弟子達のグループのみであろうと思う。それで私は社会的意義から、イエスと弟子との関係を調べようと思う。（拙者『イエス伝の教え方』第二章「イエスの教授法」参照）

社会革命の後に来るものは教育革命でなくてはならぬ。ところが、今までの教育というものは、色々の工夫は凝らしてはいるが、案外無力なもので、それは決して人間を再建し得るものではない。それで私はイエスが弟子達に対した教育態度というものがもう一度今日の世界に帰って来るならば、確かに今日の教育界は必ず一大革命を見るであろうと思うのである。

第一節　イエスの弟子

イエスの弟子の数

イエスの弟子の一団をつくって、特にその教養に意を注がれた。そのうち特選の十二人は特に、「己と共に置き」格別に親しく人格的接触を計り、教えを宣伝せしめ、悪鬼を逐《お》い出す権威を授け、病を癒やす力を与えられたのであった。

イエスは、弟子は先生に教えられるべきものだと考えられた。何でも今日、ロシアの学校では、生徒が先生を選挙するのだそうである。英国のコールのごときも、工場自治と共に学校自治を主張して「これからの社会民主時代には、生徒は先生に権利を主張することが出来る」というのであるが、いくらデモクラシーの時代が来ても、ある種の保護と秩序とは必ず存在するのであって、そのところには必ず一定の秩序を要するものである。イエスは、弟子が成長して先生のようになることを期待された（マタイ伝一〇章二五）。
大阪の俳優仲間の師匠と弟子との関係は非常に厳格なもので、弟子は、物尺《ものさし》をもって——三尺去りて師の影踏まずというわけで——師匠と自分との間に、一定の間隔を計って随行するほどであるという。イエスはもちろん、こんな極端なことは言われなかったが、民主は必要でも、弟子は弟子であるという考えを失ってはならぬとせられた。
もっともイエスは、今日の先生と違って弟子に対して非常に寛大であった。

誠にまことに汝らに告ぐ、我を信ずる者は我がなす業をなさん、かつこれより大なる業をなすべし。（ヨハネ伝一四章一二）

即ち、弟子は師と同等の仕事が出来る、いや、師よりさらに大なることが出来ると言われた。ある先生は、弟子が偉くなると敲《たた》き落とすのである。イプセンの『建築師』の中に棟梁が、悲観して教会の塔の上から、落ちて死ぬ話が出ている。後進によう進路を開かない人の最後はこれである。しかしイエスは、弟子は自分のレベルまで必ず来られる、いやそれ以上に偉くなれると言われた。この崇《たか》い御考えだけでも充分に教育者としてのイエスの人格を信じ得るのである。イエスは何という大きな寛容な教育家であったろう。

イエスの弟子定義

神の言を聞きて、これを行なうもの……マルコ伝三章三五

弟子は師より勝らず…………………マタイ伝一〇章二四

イエスは多数の弟子の中から使徒を選出したが、イスカリオテのユダの反逆後、イエスの使徒となるには、一定の条件が備わることを要するようになった。

されば主イエス我らのうちに往来したまいし間、即ちヨハネのバプテスマより始まり、我らを離れて挙げられし日に至るまで、常に我らと共に在りしこの人々のうち一人、我らと共に主の復活《よみがえり》の証人となるべきなり。（使徒行伝一章二一～二二）

即ち、ヨハネの運動からの随従者であるということが使徒の資格の一つとされたのである。

バプテスマのヨハネの民衆運動は実に荘厳なものであった。ヨセフスの『ユダヤ民族史』に、バプテスマのヨハネの運動が詳しく出ている。この宗教運動にイエス・キリストも最初は参加せられたのであった。それでイエスの弟子の中には元このヨハネの弟子であった者が多かった。

イエスの使徒の定義（使徒行伝一章二一～二二）

使徒の数――十二人

パリサイの弟子……………マルコ伝二章一八

ヨハネの弟子の数…………マルコ伝六章二九

アポロの弟子の数…………………使徒行伝一九章七

弟子の数

十二人―七十人―百二十人……ルカ伝一〇章一、使徒行伝一章一五

イエスの使徒の数は十二人であった。使徒時代に有名なアレキサンドリア生まれのアポロにも、やはり十二人の弟子があった。多分、弟子の数を十二に限るというのは、その頃の習慣であった。それには、何かのトラヂション（伝統）があったと考えられる。

イエスの弟子の数は漸次に増加して最後には百二十人になった。それ以外にも多くの弟子があることはあったが、ある時期に大方退散してしまった。

弟子の退散…………ヨハネ伝六章六六

面白いことには、イエス・キリストの生涯は、バプテスマのヨハネの生涯と深い交渉をもっている。

イエスがガリラヤで公に伝道を始められたのは、ヨハネの投獄以後であった。ヨハネが斬首された報道に接して、イエスは隠遁された。そしてその後は、余り公に運動せず小数の弟子達と共におもに逃げかくれて歩かれた。

ヨハネは、エルサレムの市場で、ヘロデ・アンテパスの所業を罵倒した。アンテパスはヘロデ・ピリピがローマへ参勤交代で行なっている間にその妻を横取りしたのである。そ

のために、アンテパスは、自分の妻であるモアブ王アレタスの娘を離縁した。それでヨハネは、ヘロデを真っ正面から責めて不義な悪漢だと罵ったのである。ついに、ヨハネは死海東岸のマカイロスの牢獄に投ぜられた。

イエスは、バプテスマのヨハネのこの正義の運動に共鳴せられたのであった。イエスはヨハネの投獄とともに、自由の空気に漲《みなぎ》る、商業の盛なガリラヤに帰って、伝道に熱中されたのであった。エデルシャイムの記述によると、ガリラヤは緑の森と、鮮魚を産する澄明な湖水とをもつ、純朴な気風の地方である。イエスはしばらくこの地方で伝道をしておられたが、そのうちに、ヨハネがアンテパス誕生祝いの晩、ついに殺害されたとの報知を聞いて、ある危機を感じられたものか、先ずツロ・シドンの地方へ逃避し、次いでカイザリヤ・ピリピ地方へ隠遁された。

そしてこの時、世人の自分に対しての評判を弟子達に尋ねられた。弟子達は、世人がイエスを評して、エレミヤだとかエリヤだとかモーセの再来だとか言っている由を告げた。その時、「お前達の意見は！」と尋ねられて、ペテロは「汝は神の子キリストなり」と答えた。イエスは、「外の人に言ってはいけないよ」と口止めをして、そのことを秘密にされたのであった。

民衆は、自分達の渇仰の的であったヨハネの死によって、何か大変化の起こることを希望していた。それで彼らは期せずして、ガリラヤ湖畔へ集まった。マルコ伝には十七、八ヶ所に群衆のことが記してある。ルカ伝には、イエスの許へ、数万人が相踏み合うほど集まったとある（ルカ伝一二章一）。

そしてこの大勢の者がイエスを悩ましたので、イエスは民衆を避けて舟であちらこちらへ逃げ回った。それでも逃げられる先へ群衆は後から後から押し掛けて来たのであった。

民衆の要求したものは、物質的革命であった。彼らは、異邦人の支配者――ピリピだとか、アンテパスとか――を追放して、天の使いの連れて来るメシアを立てて、ユダヤの独立を計ることを夢想していた。しかし、段々イエスの主義が分かって来るとともに、民衆は失望して、解散した。ヨハネ伝六章にその事情が詳細に描かれている。

イエスの弟子の素質

使徒として立てられたイエスの弟子の素質はどうかというに、十二人の中、七人までは漁師であったと思われる。

弟子の職業……………マルコ伝一章一六、一九

シモンとアンデレと、ヤコブとヨハネとは明らかに漁師であったと記されているが、その外に、ヨハネ伝二一章には七人の弟子達がガリラヤ湖で漁をしていたと記されている所から見れば、十二使徒の大半以上は、漁師であったと思われる。

十二使徒の名と順序

	マタイ伝	マルコ伝	ルカ伝	使徒行伝	あだ名	召された順
兄弟	ペテロ（シモン）	ペテロ	ペテロ	ペテロ	ケパ	2
	アンデレ	ゼベダイの子ヤコブ	アンデレ	ヨハネ	ボアネルゲ(雷の子)	3
兄弟	ゼベダイの子ヤコブ	ゼベダイの子ヨハネ	ヤコブ	ヤコブ	ボアネルゲ	1
	ゼベダイの子ヨハネ	アンデレ	ヨハネ	アンデレ		1
友人	ピリポ	ピリポ	ピリポ	ピリポ		3
	バルトロマイ	バルトロマイ	バルトロマイ	トマス	デドモ	
	トマス	マタイ	マタイ	バルトロイ	ナタナエル	4
	マタイ	トマス	トマス	マタイ	レビ	
兄弟	アルパヨの子ヤコブ	アルパヨの子ヤコブ	アルパヨの子ヤコブ	トマス		
	アルパヨの子タダイ	アルパヨの子タダイ	熱心党のシモン	熱心党のシモン		使徒行伝の順序を参照せよ
	熱心党のシモン	熱心党のシモン	ヤコブの子ユダ	ヤコブの子ユダ		
	イスカリオテのユダ	イスカリオテのユダ	イスカリオテのユダ			

マタイは税務官吏であった。今日支那の国の徴税の仕方は、請負仕事であって行政区域の変わる境界毎に、赤い旗を立てていて、税金を徴収している。イエス時代のユダヤがやはりそうであって、例えば、アンテパスとピリピの行政境界であるカペナウムには税関が設けられていて、そこの収税吏をしていたのが、このマタイであった。またエリコにも税関があって、ザアカイはその所の税務監督署長であったわけであった。

熱心党のシモンというのはゼロデ（熱心党）の一人で、非税運動をやった愛国主義の一員であった。

十二人の中イスカリオテのユダ一人のみは、ガリラヤ生まれでなくてカリオテの生まれであった。（ただし、カリオテの所在は不詳）

十二人の中に兄弟が三組と友人が一組ある。即ち、シモン・アンデレ、ヤコブ・ヨハネと、アルパイの子ヤコブとタダイは各々兄弟であった。そして、ピリポとバルトロマイとは友人であった。かくのごとく兄弟同志、あるいは友人同志が揃うてイエスへ行くことは本当にいいことである。

ゼベダイの一家は多分イエス・キリストと親類の間柄であったという。もしそうであるとすると、親類の者が兄弟揃うて、イエスの弟子になったわけである。

ペテロには妻も子もあった。ペテロの妻はユーセビウスの『教会史』に出ているところによると、名婦人であった。夫と共に生涯伝道をしたと見える。初代教会の賞め者であったらしい。ペテロに妻のあったことは、パウロも記している。

我らは……ケパのごとく、姉妹たる妻を携うる権なきか。（コリント前書九章五）

イエスはカペナウムでしばしばペテロの家に滞在せられたに相違いない（マルコ伝一章二九）。弟子達がある時、誰が偉いかといって争論していたとき、イエスはその所にいた幼児を抱き上げて「神の国に居る者はこのごときものだ」と言われたのは、多分ペテロの子供であったろうということである。ある人はペテロの顔を大層老けて書くが、しかし多分イエスと同年位であったろう。

十二人の中で、妻をもっていたのは恐らくペテロ一人であったと思われる。カナの婚宴というのも、あるいは使徒の一人の結婚式であったかと思われるが、しかしそれは、どの使徒であったか不詳である。

孔子も多数の弟子の中より十哲を選ばれ、多分釈迦にも、ソクラテスにも、それとほぼ同数の親近な直弟子達があったろうということである。

弟子をとるのは、その当時の一つの習慣であった。パリサイ人にも、バプテスマのヨハネにも弟子があった。そして、先生は、弟子達の生活まで心配してやったものである。しかし、宗教上の弟子は、先生というべき者が別に職業を持たぬラビであったからしてそう生活費は出してもらえなかったろう。しかしながら、四国遍路に出るものが、弘法大師の名を言えば、宿をしてくれるように――それは宿を所望する人を無碍《むげ》に断ると、もしか弘法大師を虐待するかも知れぬという懼《おそ》れからだ。ユダヤでは宗教上の教師を特に好遇する風があった。聖書には、ある人が普通の旅人だと思って歓待したら、その旅人は実は天の使いであったというような伝説も記されている。

そういうものの、イエスの宗教は当時の流行的思想からは、ちょっと毛色の変わったものであった。いわば異端であったから、イエスは人から好遇を受けなかったし、また到底弟子達にも満足を与えられなかったと思われる。

イエスの使徒の略歴

ヨナの子シモン　一名ペテロ、ケパ

ベテサイダの人、アンデレに導かれてイエスに来る。

（一）先ず弟子になり（二）常に従い（三）ついに使徒となった。彼は初めてイエスをメシアと告白した人である（マタイ伝一六章一六、マルコ伝八章二九）。彼は欠点の多い激情家でイエスに三度叱られた（マタイ伝一四章三一、一六章二三、二六章六九）。パウロに偽善者として叱られ、その後よく主に仕えた。

ヨハネ　カペナウムで兄と共にイエスに従う。常に主に従い愛せられた。ヨハネ伝に、無名の弟子が主の懐にありてよくその生命の源を伺っているのはヨハネである。復活の時にも走りて先に墓にありしは、ヨハネである。エルサレムに知己多くエルサレムのイエスを最もよく知っているものは彼である。

ヤコブ　イエスの三人の愛弟子の一人である。早く迫害のために殺された（使徒行伝一二章二）。

アンデレ　ペテロの兄弟である。イエスに仕えて忠実につくした人である。

イエスの弟子になる資格

イエスの弟子になるには余程の覚悟が要る。有名になって見たかったり、直ぐ宗教的に成功したかったり――して弟子入りをするならばそれは間違いである。それは常に苦難と迫害の途であることを知らなくてはならぬ。宗教を信ずるために社会的に成功をしたり、名声を博したりする人も希にはあろうけれど、それは決して常態ではない。キリスト教を信ずるがために、蹂躙《じゅうりん》されたり、何だいつまらないと言われるほうが、かえって真の世界改造の途をあゆむものであるかも知れぬ。

弟子になる資格

1 ある学者の弟子
狐は穴あり、空の鳥は塒《ねぐら》あり、されど人の子は枕する所なし……マタイ伝八章二〇
2 父は死にたる者に葬らせよ……マタイ伝八章二一
3 十字架をとりて我に従え……マルコ伝八章三四、マタイ伝一〇章三八、一六章二四〜二五
4 人に使われる者……マタイ伝二〇章二八
5 忠実なる僕……ルカ伝一二章三八
6 イエスの友……ヨハネ伝一五章一五
7 初めからイエスに従いし者……使徒行伝一章二二

ある知識階級の人がイエスに弟子入りを申し込んだ。しかしイエスは、書物を読むことと、豊な生活に慣れた人は、到底、実際の宗教宣伝運動に添わないことを見抜いて、断然「狐は穴あり、空の鳥は巣あり、されど人の子は枕する所なし」と言って断られた。また「主よ、先ず往《ゆ》きて、我が父を葬ることを許したまえ」と言った人に向かっては、「我に従え、死にたる者にその死にたる者を葬らせよ」と言われた。この覚悟が無いとイエスの弟

子にはなれぬ。時によると親の死に目にも逢うことが出来ぬかも知れぬ。今日のキリスト信者は余りに冷やっこい。

必ずしもすべての経済生活を否定するのではないが、世の中のある物を握っていてイエスに従うのでは、そこに必ず無理がある。もし本当にイエスの弟子となるというのであれば、あなたは、あなたの全職業を投げ打ってやるのでなくば本当でない。あなたの職業それ自身が神のものにならぬといけない。少なくとも神に要求されたら生命を献げるだけの決心がなくてはならぬ。十分の一を献げるのでなく、百分の百を神に献げるのでなくてはならぬ。今日の日本のキリスト教会の冷やっこいのは特にこの部分である。

岡山孤児院の創立者石井十次氏夫人がある時、祈祷会で「すべての物を神に献げぬと弟子になれぬ」という勧話を聞いて、未だ神に献げきれない一つの物が箪笥《たんす》の中に蔵《しま》ってあることを思い出した。それは母が自分のために特に織ってくれた百円近くもする一筋の帯であった。その他のすべての物は手放したがこの帯だけは、よう手放さなかった。しかし「すべての物を売って我に従え」（マルコ伝一〇章二一）という声を聞いたとき、とうとうその帯を売り払って金に代えて、ある冬の寒い晩、岡山の町のある橋の袂《たもと》にいた乞食に金を恵んだのであった。（岡山はちょうど四国への渡り口でもあるので常に乞食が集まって来る）。ちょうどそこへ教会の牧師が通りかかった。それで夫人は「すべてを献げぬとイエスの弟子になれぬと祈り会で聞いたので、最後に今まで秘蔵していた帯を献げました」と言われたという話である。

文化生活をやらなくてはならぬ我らにも、もう少し芸術趣味が無いといけぬ。それで神に献げるものがないなどと言う人がある。

しかし、はたしてそんな風でいて本当にイエスに従えるであろうか。

百分の百を献げ得ないで、どうしてイエスの弟子といえようか。真の社会の更改が計れようか？　カイゼルのものは皆カイゼルに返し、人のものは皆人に返したらいい。もしあなたが何か発明をして儲けたら、儲けさせてくれた社会民衆へスッカリ返したらいい。私達は別に入場料を払ってはいったわけでないが、実に不思議な世界に無料で入れてもらっているのである。この上にイエスの愛に触れては、感激せざるを得ないではないか。私達はどうせ赤裸で来たのだから、また赤裸で帰ったらいい。

イエスの弟子ともあろう者が、大きな家に住みたいと思ったり、文化生活を送るのだといって贅《ぜい》をつくすことには、私は余り賛成出来ぬ。イエスは、その一生を放浪の旅路に送って、村から村へとさまよわれたのであった。そして「俺には休む所がない」と言われた。もう一度私達は、イエスに帰ってくる必要はないであろうか。

私は労働運動をした経験から、もし十人の者が結束して立つならば随分大きな事業が出来ることを知っている。

イエスの弟子はただの十二人であった。が、それでも惨敗に了《おわ》ったと見えたイエスの運動を間も無く充分に盛り返すことが出来たのであった。そして彼らは本当の勝利を握ったのであった。

今日の我々は今や一つの歴史の危機に立っていることを知らなくてはならぬ。

あなたは、日本へ血の革命を持って来るつもりか？　それともイエスの恵みを持って来るつもりか？

もし我々が全霊全身を捧げてイエスに属《つ》くならが、神は必ず日本を恵まれるであろう。

イエスは「もし我に従わんと思う者は己を棄てその十字架を負いて我に従え」と言われた。イエスは「随《つ》いて来い！」ということをマルコ伝だけでも四五回言っておられる。

即ち、シモンとアンデレに対し、ゼベダイの子達に対し、マタイに対し、弟子達に対し、富豪の息子に対し「随いて来い」と言われた（マルコ伝一章一七、二〇、二章一四、八章三四、一〇章二一）。

世の中の人は中々「随いて来い」などと、はっきりしたことを言ってはくれない。だから多くの人々が迷うのも無理はない。学者に聞けば、こういう学説もある、またああいう学説もあると言ってくれるだけで、はっきりしたことは言ってくれない。しかし、イエスは「随いて来い」と言われた。イエスは、その途《みち》が苦痛の道であることを知って——十字架を負うて——随いて来いと言われる。それは、神への道である。我々は、このシッカリした路上をイエスに随いて行くのでなくてはならぬ。それを花やかな、花輪の道と考えるならば間違いである。それは、暗い露路をさまようて病人を探すことであるかも知れぬ。伝染病院に瀕死の患者の介抱をすることであるかも知れぬ。一生の間癩病人の友となることであるかも知れぬ。あるいは徳永規矩氏のごとく十六年の間も肺病を患って、逆境のうちに恵みを味わう道であるかも知れない。イエスの道は薄暗いトンネルの道であることを知らねばならぬ。

養老院の保母と看護婦は最も尊敬すべき人達であろうと思う。孤児院の世話はいいけれど、老い先の短い養老院の世話をする人は本当に気の毒である。そこに十字架の途がある。

受難の十字架に堪えずして、どうして本当の光栄の途を知ることが出来よう。

またイエスの弟子は人に使われる者にならなくてはならぬ。

イエス彼らを呼びて言いたもう、「異邦人の君のその民を宰《つかさど》り、大いなる者の民の上に権を執ることは、汝らの知るところなり。汝らのうちにてはしからず、汝らのうちに大いならんと思う者は、汝らの役者となり、首《かしら》たらんと思う者は、汝らの僕となるべし。

かのごとく人の子の来たれも事《つか》えられるためにあらず、かえって事うることをなし、また多くの人の贖いとして己が生命を与えんためなり。（マタイ伝二〇章二五～二八）

イエスの弟子となるには進んで最もつまらぬ者とならなくてはならぬ。私の住んでいる新生田《いくた》川の青年団は、団員が二十四人あってその中十八人までが役員である。皆が皆幹事や会長になりたい間、日本の青年団は決して本当の発達はしない。

私自身、労働組合の運動においてはいつも、書記にしてくれと言っているのである。私は私の一生を貧民窟の老人や子供のお相手で了るつもりである。ある人々は私を神戸の市長候補に挙げてくれたが、市長や大臣になるつもり毛頭ない。ところが、世の中には本能的に偉くなりたい人がある。ラッセルではないが、大臣になるような人間に余り偉い人間は少ない。小使いのほうが余程偉い。いくら大臣でも部下に偉い人がいないと何一つ出来やしない。日本の官庁は永遠のサボタージュ――事務渋滞で有名である。どうしてであるかといえば、皆偉い人ばかりで、誰も下回りの仕事をしようとせぬからである。

しかし、神の国では、人を使う人よりもかえって、厭《いや》な仕事をする人のほうが偉いのだとイエスは言われた。

大阪神戸における労働組合の演説会といえば、いつでも二千人（天王寺公会堂）も四千人（中央公会堂）も集まるのであるが、そういう場合には、青年達の間に下回りの仕事を進んでする団体があって、いつも下足番を引き受けてくれるのである。

今から約四年前に、関西学院の寄宿舎の中に一つの美しい宗教団体があって、ＹＭＣＡの会長がコッソリと人の知らぬ間に便所の掃除をするのであった。進んで人の下回り下回りをして行くところにキリスト教の一つの価値がある。

イエスの弟子にはまた、忠義心がなくてはならぬ。

Be Loyal!「忠実なれ！」ということは善いことである。ある団体の主義に対して終わりまで忠実であるということは美しいことである。

中世紀の人達は **Poverty, Love, Obedience** 貧と愛と服従という、ある一つの規律に従順であることを最も光栄とした。しかしこれは、フランシスカン（フランシスコ修道会）にのみ必要なことでなく、今日のキリスト教会にも必要なことである。私は善いことに対しては保守主義であって、悪に対しては進歩主義である。今日、民主主義が叫ばれるとともに、この忠義心が希薄になることは嘆かわしいことである。忠義心と民主主義とは決して反対するものではない。一人に仕えるか団体に仕えるかの相異である。我々は自己の属する団体に対して精忠を尽くさなくてはならぬ。

今日は新しい意味のロイヤルチー（忠義心）を切要する時代である。

イエスは「今よりのち我なんじらを僕といわず、僕は主人のなすことを知らざるなり。我なんじらを友と呼べり、我が父に聴きしすべてことを汝らに知らせたればなり」と言われた。

日本の国の先生と生徒との関係は実に厭なものである。先生は生徒を信頼しないし、生徒も先生に対して信頼をもたない。そして先生は余り生徒と親しくすると威厳が保てないというのである。私は師弟の関係は友達主義で行くのが一番いいと思っている。もっと日本の先生は、生徒を尊重することを学ばなくてはならぬ。子供たちの内側から成長しつつある芽に対して、尊敬を払わなくてはならぬ。

イエスは弟子を友と呼ばれた。それで弟子達が「主よ、祈ることを教えたまえ」と言って来れば直ぐ祈っていられる。またスックリ弟子達の要求に応じて神の奥義の種明かしをせられた。米国ではこの兄弟主義が盛んであるが、日本では教育関係はいつでも階級がついて回っていて、中々この友達主義が行なわれにくい、それで度々学校でストライキが行なわれる。日本では、労働者に先んじて、学校のストライキが行なわれたのである。この頃は女学生までがストライキをする。しかしそんなことはアメリカでは決してないことである。教師と生徒が友人である場合にどうしてもストライキなどが起こされよう。イエスの教育は世界中の教育のうち最も勝れたものであった。しからばどんな風にしてイエスはその弟子を教育せられたか？

第二節　イエスの教育法

イエスの個人教育

イエスは弟子を教育するに当たって、主として個人教育に重きを置かれた。真に徹底した教育は個人教育でないと行なわれない。弟子達の一人一人の性格を熟知せずして、どうして本当の教育が出来よう。生徒数何千何万と号したところで、屑《くず》ばかりであったら何にもならぬ。群衆教育では本当の教育は行なわれにくい。それでオックスフォード大学ではTutor《チューター》制度によって、小団的研究を盛んにしているのである。もし教師が生徒と個人的に人格的接触が出来たらもう動かない。たとえ十二人の同志でもそれを握ることが出来る人は余程偉い人である。

ビリー・サンデイは、二十三万人の改心者をつくったという。誠に善い。がしかし真の教養は改心して後からである。それは一人一人行かねばならぬ。ハドソン・テーラー（＊）は支那で五十年間伝道して、たった一人の信者をつくった。彼は宣教師としては失敗者であった？　しかし今日上海へ行けば支那内地伝道会社という一団体が盛んに活動しているを見るのが、この会社の基礎を置いた者こそ余人ならぬハドソン・テーラーその人である。彼は五十年間に一人を信者にすることによって今日の支那百万の新教徒の基を据えたのであった。今日のいわゆる学校教育では到底、真の人格教育は覚束ない。

私はいつも夕ゴール（＊）の学校を思い出す。それは、沙羅双樹《さらそうじゅ》の下で、五十人位の生徒が裸足のままで教育を受ける、すこぶる原始的な方法であるが、私はかかる原始的な教育方法のうちにかえって今日の教育の欠陥を補うものを見いだされるのではないかと思う。

昆虫学といっても、死んだ標本の昆虫学では本当のことは分からない。森の中に自由教育を施す彼の教育方法は確かに我々に新しい教育方法を暗示するものである。

今日の一般の学校教育というものは、少しも意志の訓練のない、視覚教育である。本を読むために目だけが飛び出して、外の部分は退化している。人を助けることも知らなければ、人に親切にすることも知らぬ。今日の学生ほど、我がままで、不作法で、悲観的な者は少ない。それは確かに今日の誤れる教育の結果である。

弟子の教育

カイザリヤ・ピリピの問答……………………マタイ伝一六章一三

弟子の誤解……………………………マタイ伝二六章八

弟子の報酬

小さき弟子の一人に一杯の水を飲ます者には報いあり……マルコ伝九章四一

必ず報いを失わざるべし…………………………マタイ伝一〇章四二

イエスの愛弟子

ペテロ、ヤコブ、ヨハネ　特に三人を伴う……マルコ伝五章三七

1　ヤイロの娘の癒やしに…………………ルカ伝八章五一

2　変貌の時、山に………………………マタイ伝一七章一

3　ゲッセマネの園に……………………マタイ伝二六章三七

イエスに最愛の弟子が三人あった。イエスは、この三人――ペテロ、ヤコブ、ヨハネ――の教育には特に意を注がれた。いわばこの三人は十二人の中の優等生であった。三人の中でも特に可愛がられたのはヨハネであった。ヨハネ伝に出ている無名の愛弟子というのは、多分ヨハネであろうということである（ヨハネ伝一章四〇、二〇章三、二一章七）。彼

は、最後の晩餐の時には、イエスの懐に倚《よ》りかかっていた（ヨハネ伝一三章二三）。彼はゲッセマネでも、十字架の許でも、復活の時にも、イエスの傍を離れなかった。

イエスはこれら少数の弟子達を如何にして教育せられたか。ルカ伝の一〇章一二章を見ると、イエスは大勢に向かって話されると同時に、特にある内輪の者（インナー・サークル）に親しく話をせられている。あるいは「弟子を顧みてひそかに」言っておられる所もある。また、人々の中の一人が立って、イエスと問答をしている場合もある。しかし、イエスの個人教育の最も著しい例は、ヨハネ伝における弟子との交渉である。

ヨハネ伝におけるイエスと弟子

ヨハネ伝は初めから終わりまで、イエスと弟子との交渉の記録である。四福音書中最も宗教的だと言われているヨハネ伝が何故、我々に強くアッピールするかというに、それは、少数の人達とイエスとのコッソリとせられた対話集であるからである。

世界で最も有名な対話篇が三つある。それは、――ヨハネ伝と孔子と弟子との論語した論語と、プラトンのダイアログ（対話）である。三つとも、少数者とその師との対話篇である。殊にプラトンのものは、劇的で、面白い。そして、出て来る登場人物は、ソクラテスで、しかも、一度プラトンを通して屈折したソクラテスである。プラトンとクリトンとの対話のごときはその中でも有名なものである。ソクラテスが立ち止まると弟子が尋ねる、するとソクラテスがその疑問を親切に解いてやるといった調子である。ソクラテスはしかし、弟子が余り回りくどいことを言って来ると容赦なくピシッとやるが、イエス・キリストの弟子に対する態度はそれと違って、少数の弟子に対して実に丁寧親切で、その態度は非常に温かいものであった。最も宗教的な気分は十人か十二人位と共に共同生活を送るところに醸《かも》されるものである。

ヨハネ伝に現れたイエスとその弟子

第一章　初見と疑惑
第二章　弟子の結婚
第三章　ニコデモ、師ヨハネとの関係
第四章　弟子の増加、スカルの女
第六章　弟子の信仰と退散
第八章　真の弟子
第九章　人生の苦痛に関する弟子の質問
第一一章　イエスの弟子を愛せし実例
第一二章　真の女弟子

第一三章～一七章　イエスと弟子との訣別

第二〇章～二一章　復活とイエス

第一章には、イエスと弟子達との初見の模様が描かれている。ヨハネとアンデレとがイエスに随いて行くと、イエスは振り返って、彼の方から「汝ら何を求むるか」と言って言葉を掛けられている。偉い先生だったらこういう場合には知らん顔をしているのであろうが、その時は午後四時頃であった。ユダヤ人は天幕を張って水の畔《ほとり》などで瞑想生活をする癖がある。それで二人は「ラビ、今晩はどこでお泊まりですか」と聞いた。するとイエスは「一緒に来てごらん」と言われた。その晩二人はイエスと同宿した。実に簡単で、要領を得ている。イエスと弟子との共同生活がここから始まった。こうならぬと宗教生活は味わえない。もしこれが立派な家に住んででもいると、ちょっと簡単に「来たまえ」なんて言えない。イエスは多分天幕張りの簡易生活であったろうから、「まあ、来たまえ、今晩は一緒に寝ようじゃないか」と心配なしに言えたのである。

宗教生活の貴い部分は、人間の心と心とが燃え上がって、ある所で一致するところにある。両三人がイエスの名によって密着しているとそこに変わった気分が湧いてくる。クリスチャンが二、三人寄ると発酵性をもつものである。

一八〇八年、ウィリアムズ大学に学んでいた数名の大学生が――ミルズ、リチャード、ライス、ホール、の四人――校庭近くの枯草堆の下に相会して祈った。これが米国における世界伝道の発端となったのであった。

ドイツでフィリップ・ヤコブ・スペナーが、三人の友――フランケ、シャーデ、アントンの――と相会して一つの運動を起こした。それが即ち後年モラヴィア派（＊）を生み出したパイエチズム（敬虔派）の運動の起源であった。チンチエンドルフ伯はこのモラヴィア派に投じてヘルンフートと称する一村を建てた。ところが、この村をウエスレーが尋ねて非常な感化を受けた。そしてホイットフィールドと共に英国を震撼《しんかん》する宗教運動を始めたのである。ウエスレーらのこの運動は遙かに米国を動かし、さらにその影響は日本へまで及んでいるのである。だから、何も失望する必要はない。真に我々が――極めて少数であっても――イエスの名によって集まっているのであれば、日本におけるキリスト教は確かに勝利である。日本で一年に賛美歌が五万冊も売れるということである。今日の日本が宗教的に傾いて来たことは実に著しいことである。

ヨハネ伝は、前述のごとく殆どその全篇が、イエスを中心としての弟子との会話で埋まっていると言っていい。それで、イエスと群衆との関係を多く取り扱っているマタイ伝などと違って、その大部分がパーソナル・シーンである。だから私達が煩悶しているとき、イエスと自分との関係をはっきり教えて慰めを与えてくれるのはこのヨハネ伝の外にない。

イエスと弟子との交渉

イエスは弟子を教育するのに別に学校をもたなかった。マルコ伝を見るとイエスが室内で教えられたことが八回も書いてある。ある時には弟子が公衆説教で分からなかった点を再質問しているところもあれば、人に隠れて弟子達の訓育を専門にせられたことのあったようである。私は家の中で弟子と静かに対話することによってなされたこの教育を、仮にカペナウム神学校と呼びたい。それは多分主としてカペナウムのペテロの家の室内で教えられたものであったろうから。

隠れたるイエスとその弟子

1 シモン、アンデレ……………………………マルコ伝一章二九
2 家に居ること聞こゆ…………………………マルコ伝二章二
3 食する暇もなし…………………………………マルコ伝三章二〇
4 人の家に入らば、その地を去るまでそこに留まれ……マルコ伝六章一〇
5 イエス群衆を離れて家に入りたまいしに、弟子たちその譬えを問う……マルコ伝七章一七

6　家に入りて隠れん……………………………………………………マルコ伝七章二四

7　家に入りたまいしとき、弟子たちひそかに問う…………マルコ伝九章二八

8　イエス家に入りて弟子に問いたもう「汝ら途すがら何を論ぜしか」
……マルコ伝九章三三

9　家に入りて弟子たちまたこのことを問う………………マルコ伝一〇章一〇

ルーテルについて書かれたものの中で最も興味があるものは、ルーテルが食事しながら人々と話し合ったことを筆記したTable talk（卓上挿話）である。ビルコルフという人が、やはりトルストイがめしを食っている間にちょっと言ったことを、かき集めたものが残っている。食事を共にしながら自由会話の中に与える教訓というものは案外大きいものである、ルーテルの「卓上挿話」には実に美しい宗教味が出ている。イエスは弟子達と共にめしを食われた。それで「大めし食《くら》い」という評判までもとられたほどである（マタイ伝一一章一九）。

イエスの食事が福音書に十数回出ている。即ち、(1)カナの婚宴を始め、(2)ペテロの養母のご馳走(3)食事中のイエスの争論（ルカ伝五章三〇）(4)シモン家の会食（ルカ伝五章三六）(5)パリサイ人との会食（ルカ伝十一章三七）(6)会食席上謙遜を説かれしパリサイ人

との会食（ルカ伝一四章一）、その他食事に関する記事は実に多いのである（ルカ伝二二章三〇）。

聖アウガスチヌスに一つの面白い癖があった。それは食事の時、真中に「他人の悪口を言うな」と書いた鉢を据えてそのぐるりで弟子達と共に食事をしたことである。我々の食事が一つの教育の方針にならなくてはならぬ。そして、食事において、お互いのテーブル・トークにおいて、宗教味を充分経験しなくてはならぬ。

イエスは前述のごとく室内で弟子を教育すると共に、室外で――自然のうちにあって弟子達を訓育することを忘れなかった。

ギリシャには、ペリパテチック・スクール（逍遥学派）というのがあったが、イエスがやはりそれで、特定の校舎をもたなかった代わりに、しばしば弟子達を山に、海辺に、公園に連れて行って山野を跋渉《ばっしょう》する間に教育をせられた。即ち、ある時はヨルダン河で、ある時はカイザリヤ・ピリピの路上で、ある時は海辺の説教で、ある時はオリブの山上で、ある時は砂漠における自己の経験より、ある時は海上で、ある時はいと高き山頂の変貌をもってイエスは弟子達を訓育せられたのであった。

マタイ伝のみでもイエスと弟子との交渉が十九回にわたって記されている。もって如何に弟子達が頻繁にイエスと交渉したかが分かる。

イエスと弟子との交渉

1 海上の弟子……マタイ伝八章三二
2 収穫について……マタイ伝九章三七
3 十二弟子の教訓……マタイ伝一〇章五
4 弟子飢へて穂を摘む……マタイ伝一二章一
5 弟子パンを忘れる……マタイ伝一六章五
6 質問と告白……マタイ伝一六章一三
7 弟子に対して初めて来るべき十字架を発表す……マタイ伝一六章二一
8 罪の赦しに関する問題をペテロに答えて無限に許すべきを教ゆ
……マタイ伝一八章二一
9 三つの「庵を建てて住まわん」ペテロの言葉……マタイ伝一七章四
10 弟子達嬰児を阻む……マタイ伝一九章一三
11 ペテロの質問……マタイ伝一九章一三
12 ペテロ、イエスを発見す……ルカ伝五章一三
13 主よ祈ることを我らに教えたまえ……ルカ伝一〇章一
14 十二人の弟子に来るべき十字架を証す……マタイ伝二〇章一七

15　十人の弟子怒る……………………………マタイ伝二〇章二四
16　弟子無花果の枯れたるに驚く…………マタイ伝二一章二〇
17　パリサイに対する峻烈なる警告………マタイ伝二三章一三
18　弟子とイエスの問答（世の終末）……マタイ伝二四章一
19　ユダの裏切り………………………………マタイ伝二六章一四
20　晩餐の卓の準備……………………………マタイ伝二六章一六
21　復活を見し十一の弟子……………………マタイ伝二八章一六

イエスは先生として決して悪い先生ではなかった。イエスの気のよくつかれたことは驚くべきほどであった。イエスは常に用意周到に弟子達に対せられた。イエスは愛弟子ペテロのためには、「君の躓かないために祈っているよ」と言われ、女弟子の弟が死んだときはわざわざ行って涙を流された。イエスが涙を流されたのを見て、ユダヤ人が、「見よ、いかばかり彼を愛せしぞや」と言った（ヨハネ一一章三五）。

イエスの学校は「愛の学校」である。今日の学校は知識を授けても、愛を教えてくれぬ。イエスは如何に人を愛すべきか、如何に社会に奉仕すべきかを教えられた。

愛と敬虔の学校

近世の三大教育家は、(1)ペスタロッチ（＊）と(2)フレーベルと(3)モンテッソリであるが、彼らは皆、勝れた愛を教えた。ペスタロッチの『リーンハルトとゲルトルート』には、石屋の夫婦が子供達に愛を教えて、それを近所に普及する美しい物語が出ている。フレーベルの幼稚園では、決して「死んだ」という言葉は使わない。蟻一疋が死んでも「眠った」と教える。

ところが今日の日本の教育はどうであろうか。小学校では、誰それの首を誰それが取ったというような殺伐な物語を教授し、中学校へ行くと、三年からは鉄砲を担がせて兵隊の演習をさせる。大学では、人を殺した場合にはどういう風に弁解したらいいかを教える(?)。あるいは、マキァベリズム（＊）、あるいはトライチュケ（＊）、あるいは階級闘争、その他奪うこと儲《もう》けることを教えるのが、今日のいわゆる大学教授ではないか。それで高等教育になるほどその教育が堕落する傾きがある。もし大学が虫を可愛がる心で人類を愛することを教える所であったら、どんなに幸いなことであろう。

イエスは、弟子の一人一人を可愛がった。また、相当に冗談も言われた。ルーテルは非常な滑稽家であったし、ウエスレーもよくユーモアを言った。「富める者の神の国に入るよりは、駱駝《らくだ》の針の孔を通るかた、かえって易し」などいうのは確かに一つのユーモアである（マルコ伝一〇章二五）。

イエスはまた弟子に綽名《あだな》を付けられた。ヨハネとヤコブが、サマリアの町へ行ったとき、サマリア人の無情な態度を憤って「先生エリヤのように天から火を呼び降してサマリア人を滅ぼそうじゃありませんか」と言った（ルカ伝九章五四）。多分それでイエスはこの二人にボアネルゲ（雷の子）という綽名を付けられた。またヤコブの兄弟のユダには、タダイ（真実で勇気ある者）という綽名があった。またシモンにはケパ（岩公）という綽名を付けられた。これはイエスが弟子達を扱うのに相当なユーモアをもたれ、またよく弟子達の性格を理解せられていた証拠である。

イエスは弟子達の個性の良い所を観破せられた。ナタナエルが無花果《いちじく》の樹の下で煩悶しているとき、君は「正直者だね」とその真摯な性格を激賞せられた。ペテロに対しては、「君は岩だ、君のその信仰の上に教会を建ててくれたまえ」と言われた。

初代教会は、パウロが言っているとおり「兄弟よ、召《めし》を蒙《こうむ》れる汝らを見よ、肉によれる智《かしこ》き者多からず、能力《ちから》ある者多からず、貴き者多からず」（コリント前書一章二六）――であったが、しかも、それらのつまらない人間の間からついに世界を動かすキリスト教運動が起こされたのであった。

イエス・キリストを知るのには理屈は要らぬ。また山や海に行って苦行することも不要である。イエスの宗教は行動の神の体験にある。「愛無き者は神を知らず、神はすなわち愛なればなり」愛に欠乏することは宗教味に欠乏することである。我々は理屈を言う前に人を愛するのでなくてはならぬ。そこに神自身が示現するのである。

石井十次氏の許へ美作《みまさか》から、一人の盲人が尋ねて来た。その人は何も読めない。無学な人であったが、「どうかキリスト教を知りたい」と石井氏に頼むのであった。石井氏は「君は按摩《あんま》が出来るだろう、按摩をして揉《も》み賃をもらったら、それを自分より貧しい按摩さん達に施してやりたまえ、そうしたら神が分かる」と言われた。それでこの按摩は、岡山の町で毎晩按摩に出て、午前一時過ぎに、沢山の按摩が仕事を済まして集まる時に、その中でも一番可哀想な按摩にソッと二銭ずつ袂《ふところ》へ入れてやるのであった。毎日それを実行した。そして、段々とこの見えない人の心が開かれて来た。二週間目に彼は石井氏を再訪して、「先生、分かりました。神は愛です」と言ったという。この人は愛することによって、自らに神が分かったのである。

部屋の中で、書斎の中で考えていても不可解な神が、人を愛する時に初めて分かるのである。それで、人を愛し、弟子を愛したイエス・キリストを見れば、神が分かるのである。リッチェルは、「神とはキリストのごとき姿をもったものだろう」と言った。私達が、もし敬虔と愛との中にイエスを凝視するならば、そこに神の示現を経験することが出来よう。

私はすべての人が、このイエスの愛の学校――全地球の人を愛する最も自由な愛の学校に入学されることを切望する者である。

イエス・キリストは世界において最も優秀な教育者――愛の先生である。

私は理屈は言わぬ、私はどうかしてイエス・キリストのような生活がしたいと思って努めている。「イエスの模倣」をして、イエスの聖足の跡を踏んで行くのがキリスト教である。ある雪の朝、一人の職工が仕事の出掛けにバーへ一杯呑みに立ち寄ってドアを開けようとして振り向くと、自分の後から可愛い自分の息子がその足跡を踏んで随いて来るのを見て驚いた。それ以後その人は断然禁酒したという話がある。それとは異なるが、私達がもし常にイエスを模倣しているならば、必ずいつとはなしに私達の生活が高挙せられて来るであろう。そして、知らず識らずのうちに自らが敬虔の子となっていることを発見するであろう。私は、イエスとヨハネとの敬虔の雰囲気のうちに漬かって生きたい。イエスの道は、神と十字架と聖霊の道である。

今日の地球の生活は愛の乾燥した、あたかも湿りのない沙漠のようである。

しかし私達は、しめやかな春の雨のようなイエスの恵みと愛に力づけられ、光明と自由と愛の世界をもう一度回復したいと思う。

《完》

編　注　（※数字は頁数）

第一章

20　スピノザはオランダの、ベルグソンはフランスの、ナトルプとリッケルトはドイツの哲学者。

21　シュライエルマッヘル　ドイツの敬虔主義に影響された神学者。

ティエラ・デル・フエゴ　南米大陸南端の諸島。一八三二年にダーウィンが訪れた。

23　ウィリアム・ジェームズ　アメリカの代表的な哲学者・心理学者。

28　ウィルヒョウ　ドイツの医学者。近代病理学の父。

31　デカルト　フランスの哲学者・数学者。コギト・エルゴ・スムは『方法序説』の中の命題。

35　アバ　ヘブライ語またはアラム語で「父」の意。ロマ書八章一五にも出てくる。

38　イヴァンゲリオン　ギリシア語 ευαγγελιον の音訳で、良き知らせ、福音の意。

ジュビリーの年　出エジプト記二五章の「ヨベルの年」、大恩赦で解放の年とされる。

39　スタンレー・ホール　アメリカの先駆的な心理学者・教育家。

40　ゾラ　フランスの小説家。自然主義文学の代表。

ユージン・デブス　労働運動家。反戦演説でスパイ容疑に問われ、収監された。

42　ペーター　イギリスの評論家・小説家。『享楽主義者マリウス』が有名。

エピキュリアン　古代ギリシャの哲学者エピクロスを信奉する人。快楽主義者。

グリーン（名はトーマス・ヒル）　イギリスの哲学者。道徳的理想主義で感化を及ぼす。

44　レーニン　ロシアの政治家、ソ連邦・ソ連共産党の初代指導者。

45　モールス　アメリカの画家・発明家。最初の電信を発明。

46　ウエスレー（名はジョン）　イギリスのメソジスト運動を起こした宗教家。

カーライル（名はトーマス）　スコットランドの評論家、歴史家。

ノックス（名はジョン）　スコットランドの宗教改革指導者、長老派を起こす。

48　バートランド・ラッセル　イギリスの哲学者、ノーベル文学賞を受賞。賀川と共鳴する。

第二章

68　サン・シモン（名はアンリ・ド）　フランスの社会主義思想家。

レセップ（名はフェルディナン・ド）　フランスの外交官、実業家。スエズ運河を開く。

69　フェリ（名はエンリコ）　イタリアの犯罪心理学者。

イプセン（名はヘンリック）　ノルウェーの劇作家。

70　フランクリン（名はベンジャミン）　アメリカの政治家、科学者。

71　ジャスチン・マーター　殉教者ユスティヌスは二世紀のキリスト教護教家、教父。

72　小林ライオン　現ライオン株式会社の前身。クリスチャンの小林富次郎が創業。

73　耶蘇　元もと「イエス」の中国語の音読み。転じてキリスト教、またキリスト教徒をさす。

75　クロポトキン（名はピョートル）　ロシアの革命家、アナキズムの政治思想家。

橘分監　神戸監獄。賀川は大正十年七月三十一日収監され、八月十日に釈放された。

78　ウィリアム（ビリー）・サンデー　アメリカのメジャーリーグの野球選手で、回心した後、世界的伝道者となった。

80　フォイエルバッハ　ドイツの唯物論哲学者。キリスト教を激しく批判した。

ファーブル　フランスの生物学者。『昆虫記』は賀川の愛読書。

81　ルネ・バザン　フランスの自然主義の流れを汲む小説家。

バイロン（名はジョージ・ゴードン）　イギリスのロマン派詩人。ギリシャ革命に馳せる。

84　カール・リープクネヒト　ドイツの政治家で、スパルクス団を組織、革命を目指した。

90　ホイットフィールド（名はジョージ）　イギリスの牧師、メソジストの創設者の一人。

91　カーライル（名はトーマス）　イギリスの評論家、歴史家。

尺　尺貫法の長さの単位。約三〇センチ。百尺は到達すべき地点の譬え。

93　ワズワース（名はウィリアム）　イギリスのロマン派詩人。

94　ハーシェル（名はフレデリック）　イギリスの天文学者、冥王星の発見者。

96　ロッツェ（名はルドルフ）　ドイツの哲学者。

エテロ　モーセの妻の父。モーセに助言をした（出エジプト記一八章一七以下）。

98　シカゴの博物館　Field Museum of National History（自然史フィールド博物館）のこと。

100　ボードレール　フランス近代詩の父と呼ばれた詩人。

デカダン　十九世紀末の文芸上の傾向「デカダンス」の芸術家。退廃的な人。

103 トマス・クラマー　十六世紀のカンタベリー大司教。ヘンリー王死後、火刑に処せられる。
104 オリゲン　オリゲネスのこと。古代キリスト教教父の中で最大の神学者の一人。

第三章

110 マルコのローマ人説　定説ではない。バルナバの従兄弟で、ユダヤ人らしい。
114 ネイサン・ブラウン宣教師　明治六年に横浜に上陸。最初の和訳聖書全巻を刊行した。
122 ドワイト・Ｌ・ムーデー　大衆伝道者。彼の聖書学院は、多くの人材を生み出した。
132 井上哲次郎　明治の哲学者。内村鑑三の不敬事件で、キリスト教を非難した国粋派。
134 ジョン・ラスキン　十九世紀のイギリスの評論家・美術評論家。
ホイッスラー　アメリカ人画家、ロンドンで活躍。浮世絵など日本美術の影響を受けた。
137 マヌ　インドのヒンドゥー教の教典（法典ともいう）。紀元二世紀頃成立。
ハンムラビ法典　古代バビロニアで紀元前十八世紀成立。「目には目を歯には歯を」で有名。
141 アーメン　ヘブライ語で、旧約聖書から由来し、ユダヤ教とキリスト教に受け継がれた。ここの「アッシリア、バビロニア地方の宗教の遺物」は学問的根拠がない。
147 本間俊平　平信徒伝道者、社会事業家。秋吉台の大理石採掘事業で、若者を更生させた。
石井十次　キリスト教の信仰をもって、岡山に日本最初の孤児院を開いた人。
ジョージ・ミューラー　孤児院を始めたのは、一八三六年、イギリスのブリストルにて。

第四章

163 鵜澤総明　政治家、弁護士。明治大学総長、極東国際軍事裁判の弁護団長を務めた。

171 ジョン・ブラウン　反乱のゆえに処刑されたが、「グローリ、ハレルヤ……」と歌われた。

196 ネルソン　提督。一八〇五年の海戦でフランス・スペイン艦隊を破り、本人は戦死した。

203 カチューシャ　トルストイの小説『復活』の女主人公。復活の鐘で救われる。

第五章

207 アラリック　西ゴート族の王、四一〇年帝国の都ローマを占領する。その後、病没。

229 ハドソン・テーラー　イギリス人、十七歳の時、回心して、中国伝道に献身を決意した。

タゴール　インドの詩人、思想家。賀川と共に世界平和の運動に連帯した。

234 モラヴィア派　モラヴィア兄弟団ともいい、ヘルンフートと呼ばれる信仰共同体を作る。

240 ペスタロッチ　スイスの教育家。フレーベル（ドイツ人）や後のコルチャック（ロシア人）は彼の感化を受ける。モンテッソリはイタリアの幼児教育家で、彼女の教育法は有名。

マキャベリズム　ルネサンス期の政治家マキャベッリによる、権謀術策の思想。

トライチュケ　ドイツの歴史家、思想家。排外的な軍国主義・愛国主義を唱えた。

解説

キリスト教伝道者としての賀川豊彦

著者の賀川豊彦については改めて紹介するまでもなく、日本キリスト教史上、日本に最も影響を与えた人物として、その名を挙げても過言ではない。二十世紀において日本ばかりか世界でも最も知られた日本人は、キリスト教伝道者賀川であった。しかし、現在、彼の名は一般日本人の間ではあまり知られていない。

彼の伝道献身一〇〇年の二〇〇九年を機に、さらに逝去後五十年を経て、賀川は改めて、注目を浴びつつある。ただし、それは社会運動家としての側面に重点が置かれているように見られる。キリスト教伝道者としての賀川の大きさが知られていないようである。それは、現在、日本のキリスト教が内向きになり、現実社会との接点を失い、その教勢が低迷しつつあり、キリスト教界が教理的となりブルジョア化して、社会運動実践家でもあった賀川のキリスト信仰と宗教運動を素直に評価できなくなっているためではないか。

賀川豊彦は、まことに不世出の天才であった。明治四十二年（一九〇九年）、神戸市葺合区新川の貧民窟（スラム街）に身を投じることを通して、大衆に即したキリスト教伝道、医療救済事業、労働組合運動、消費組合運動（賀川は生協の父と呼ばれる）、農民運動、平和運動などを次々創始した。評論家の大宅壮一（青年時代、賀川から洗礼を受ける）は言う、「およそ運動と名のつくものの大部分は、賀川豊彦に源を発していると言っても、決して言いすぎではない」と。

しかしなんといっても、賀川の本質は、キリスト教の信仰者、イエス・キリストの福音の伝道者にあると思う。若い日に結核にかかり、死線をさまよい、スラムで感染したトラホームはじめ、あらゆる種類の難病を抱えていた。にもかかわらず、その活動は超人的とも言われ、足跡は日本の各地から海外各地に及んだ。生涯を貧しい人々と福音宣教に捧げた賀川の、その生きる力の秘密は何であったのか。彼の信仰にこそあったと見る。

彼の天才的才能は著述家・詩人として発揮されている。もう一度、彼の著作から、特に、キリスト教プロパーの著作から、イエス・キリストの福音をいかに彼が咀嚼《そしゃく》していたかを知るのは、とても意義深いことと思うのである。それで『死線を越えて』ほど有名ではないが優れた名著と評価する本書を、ここに復刊することを企図した次第である。

本書の発刊の背景

大正九年（一九二〇年）から翌十年にかけては、賀川豊彦の生涯において画期的な年であったと思われる。クライマックスとまで評価したのは、友人の武藤富男・元明治学院院長（のちキリスト新聞社長）であった。

賀川は、大正九年十月、体験をもとに書いた自伝小説『死線を越えて』が改造社より出版され、それが空前のベストセラーになった。

翌年大正十年、神戸の川崎、三菱造船所の大労働争議に関与し、その指導者としてストライキの先頭に立ち、未曾有の大行進デモを組織した。そのため、七月逮捕されて、神戸監獄・橘分監に拘留された。不起訴になったが、結局、労働争議は敗れた。賀川は争議の後始末に、困った人々の救済に惜しげもなく著作の印税を使い尽くした。

労働運動に専心してきた賀川は、「本来の職務として与えられた精神運動」に帰ることを願っていた。その願いのとおり、キリスト教の一大宗教運動を起こすべきだと、同志と共に一つの団体を結成した。「イエスの友会」である。大正十年十月のこと。賀川は労働運動とは手を切った。そして、イエスの友会の機関誌として『雲の柱』が大正十一年一月に第一号が発行された。

その少し前、大正十年九月、東京の富士見町教会において、賀川は五回にわたって連続講演会を開いた。この講演会は、特別な意義をもっていた。まず、そこが日本の正統派を任ずる日本基督教会の植村正久牧師の牧する教会であったことである。非常な反響を呼んだが、それだけではなく――

「宗教講演に入場料二十銭を徴収したことは全く異例であった。会場は毎夜満員の盛況であった。これに対して『教理を神本位に説かず、人間的に説き、あまつさえキリスト教的とは言え、社会的言辞を弄することは異端である。その異端者に一夜二夜はおろか、五夜に亘って大講演をなさしめたことは、光輝ある富士見町教会を冒涜するも甚だしい』と騒ぎ立てるものがでたが、植村はその非難を黙殺した」(ブログ・Think Kagawa「イエスの友会、月刊誌『雲の柱』誕生」より)

植村正久は、上中流階級、ホワイトカラー中心に伝道し、下層階級を排除する傾向があったといわれるが、この時は賀川に思う存分語らせたのであった。賀川がどうして講演するに至ったか。植村は明治学院(賀川在籍)で教鞭を執っていた縁からであろうが、詳しくは分からない。

さて、この講演は「イスラエルの宗教とその真理」と題されたもので、講演内容は賀川の友人で明治学院の後輩にあたる吉田源治郎牧師が筆記をし単行本にまとめた。それが大正十年（一九二一年）十二月に警醒社書店より刊行された、本書の原本である。

「イエスの宗教とその真理」の内容について

本書の序には、賀川豊彦の少年時代の回顧が美しい詩文で綴られている。実家のこと、キリスト教入信の恩師であるローガン、マヤス宣教師のこと、またイエスの愛にふれ、協力者吉田源治郎牧師への感謝が述べられている。この序は、賀川の肉声が響いている。

第一章に、「イエスの教えた宗教は、即ち生命の宗教である。……イエスの神は、行動の神である」とあり、賀川のキリスト教は、幼児にもわかる、と断言する。これが本書に通底する基調である。以下ずっと、イエスの言葉を、分かりやすく、新約聖書の聖句をきちんと引用して、紹介してくれる。文語聖書で、分かりにくいかも知れないが、文語の格調高さに慣れると、心に聖句が記憶されやすい。

第二章は、失敗しやすい人間への同情と激励である。読めば、挫折した人も、もう一度生きる勇気が湧くことであろう。第三章には、キリスト教の宗教生活の基本、祈りについて、詳しく聖書のイエスの祈りから解説してくれている。後は、実行するばかりだ。

第四章は、イエスの十字架と贖罪がテーマであるが、ここに賀川の重要なメッセージを見いだす。「私の一生の研究題目は、『宇宙悪』の問題であるが、十六歳の頃からこの問題が私を捉えた。そして、私は、悪の方面から宇宙を研究した時に、悪を跳ね返して進む力が、その中にあることを発見したのである」（一六四頁）。賀川の苦悩がいかに大きかったか、それを昇華して悪を跳ね返す力の発見こそ、彼の指し示す信仰であった。イエスの贖罪愛であった。ここにあらゆる悩みと苦難に直面する人々への、希望がある。

第五章のイエスと弟子の関係の叙述は、現代に忘れられた宗教教育の一面を明らかにする箇所である。福音書を深く読み抜くことによって、まだまだ新発見の諭しが発見できるという点で、キリスト教の再出発のために、新約聖書の読み直しがいかに大切かを示唆してくれる。

＊

終わりに、編者は賀川先生への心からの感謝を述べることをおゆるしいただきたい。キリスト教信仰歴五十年になろうという時に、若き日から終始、賀川先生の幾多の本を読んでは励まされてきた恵みを有り難く思う。編者の信仰上の恩師の、最も感化を受けた先人キリスト者の一人が賀川先生であった。恩師の愛読書であった本書の原本（昭和三年印刷の第三版）をもらって坐右に置いてきたが、いつか出版をと、志していた。また、牧師だった義父は賀川先生と伝道したこともあり、賀川先生は身近な存在に感じたものである。

もし、本書を手にされる読者が、この中に賀川先生の声を聞いて、新約聖書のイエス・キリストに近づく縁とされるならば、編者の望外の喜びである。

河合一充

● 著者紹介

賀川豊彦（かがわ とよひこ）

1888年（明治21年）、7月10日神戸市生まれ。4歳の時、両親を失い、徳島県堀江村本家に引き取られる。徳島中学、明治学院神学部予科を卒業して、神戸神学校に入学。三河蒲郡で保養後、1909年神戸市葺合区新川の貧民窟に入る。1911年神戸神学校卒業。1914年米国プリンストン大学神学部に入学し、1917年に帰国。神戸新川に戻る。イエス団友愛救済診療所立ち上げ、1919年消費組合運動を起こす。大阪、神戸、灘に購買組合を設立。1920年10月『死線を越えて』を出版。1921年7月神戸の川崎・三菱造船所労働争議を指導、検挙される。同9月東京・富士見町教会で「イエスの宗教とその真理」を講演。同10月イエスの友会、日本農民組合設立。1923年関東大震災の救済に赴く。その後、東京松沢に移る。世界各地を巡り、講演。イスラエル巡礼をする。1929年「神の国運動」開始する。1945年戦後、日本協同組合同盟会長就任。生協の連合会が結成されると、初代会長になる。その他、世界連邦運動など多数の分野で活動の傍ら、キリスト教の伝道に携わる。郷里徳島の伝道途上倒れ、1960年（昭和35年）4月23日東京の自宅にて召天。

復刻版

イエスの宗教とその真理

2011年 8月30日 初版発行

著 者　賀 川 豊 彦

発行者　河 合 一 充

発行所　株式会社 ミ ル ト ス

〒102-0073 東京都千代田区九段北1-10-5
九段桜ビル2F
TEL 03-3288-2200　FAX 03-3288-2225
振替口座　00140-0-134058
http://myrtos.co.jp　pub@myrtos.co.jp

印刷・製本　シナノ印刷（株）　Printed in Japan　ISBN 978-4-89586-038-3

定価はカバーに表示してあります。